요리는 기대보다 쉽고
생각보다 즐겁습니다.

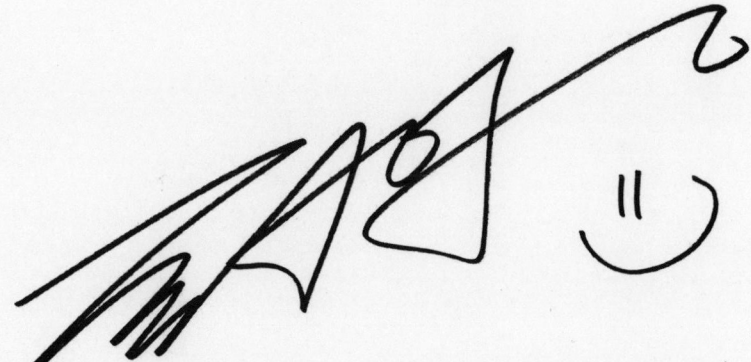

류수영의

평 생
레시피

류수영의 평생 레시피;

79 RECIPES

죽을 때까지
나를 먹여 살릴
'어남선생'의
쉽고 맛있는 집밥

류수영 지음

메뉴 개발 도움 | KBS 〈신상출시 편스토랑〉 문아름 외

자, 이제 시작해볼까요?

안녕하세요? 어남선생 류수영입니다.

드디어 이렇게 책으로 인사드리게 되었습니다. 그간 열심히 연구하며 모아온 저의 레시피 중에서 추리고, 추리고, 추려서 한 권의 책으로 선보입니다. 어떻게 하면 많은 사람들이 쉽고 간편하지만 정말 맛있게, 또 저렴한 비용으로 집밥을 해결할 수 있을까 고민하고 또 고민했습니다.

누군가를 위해 부엌에 서는 시간이 더없이 좋았습니다. 제가 만든 음식을 맛있게 먹는 가족과 친구들을 보면 뿌듯했습니다. 저의 레시피를 따라 요리해보았다는 영상이나 게시글들이 쌓여갈 때마다 사명감과 책임감도 느낍니다.

배우로 데뷔한 지 20년이 훌쩍 넘었지만, 이제 요리는 저와 떼려야 뗄 수 없는 중요한 일상이자 일이 되었습니다. 많은 분들에게 다양한 레시피를 알려드릴 수 있는 이 시간이 정말 기쁘기도 하고, 벅찬 보람이 있습니다. 무엇보다도 지난 5년 동안 제게 '어남선생'이라는 이름을 붙여주고 300개 넘는 레시피가 세상에 나올 수 있게 해준 KBS 〈편스토랑〉 제작진에게 깊은 감사의 말씀을 전합니다.

부엌이 좁은 자취생부터 은퇴하신 아버지까지, 대한민국 남녀노소 모두의 입맛을 사로잡을 메뉴부터 중요한 날 한껏 분위기를 낼 수 있는 특식까지, 이 책에는 저만의 비법을 아낌없이 듬뿍 담았습니다. 모쪼록 요리를 겁내지 않으셨으면 좋겠어요.

여러분은 이제, 냉장고를 열기만 하면 됩니다. 그다음은 저만 믿고 차근차근 따라오세요!

2025년 초여름
류수영

계량은 이렇게 하세요

이 책에 사용된 모든 계량은 밥숟가락과 티스푼을 기준으로 하였습니다. '큰술'은 밥숟가락을, '작은술'은 티스푼을 사용하세요.

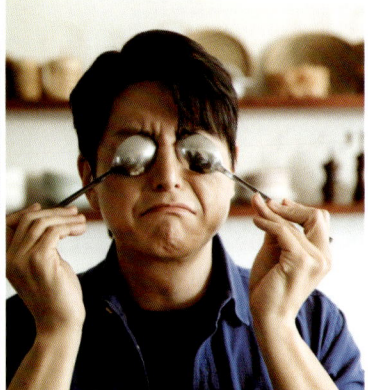

굵은 가루
EX) 굵은 소금

1큰술=8g   1작은술=4g

고운 가루
EX) 맛소금, 설탕

1큰술=12g   1작은술=4g

후추

통후추를 그라인더에 넣어
그때그때 갈아
사용하는 것을 권장합니다.

가루 후추를 사용할 때는
1바퀴=1꼬집 정도입니다.
20바퀴=1작은술

장류

EX) 고추장, 된장, 다진 마늘

고추장은 무조건 듬뿍 떠서 사용합니다.
1큰술=30g

액체류

EX) 간장, 식초

1큰술=8ml

식용유

따로 덜지 않고 바로 계량할 수 있도록
프라이팬에 둘러 사용합니다.
1바퀴=1큰술

물

1컵=200ml

소주잔 1잔 가득=60ml=약 8큰술

차례

머리말 13

계량은 이렇게 하세요 14

PART 1 평생특식

평생 제육볶음	25
긴급제육 119	28
만 원 닭볶음탕	31
만 원 갈비찜	35
원 팬 등갈비	38
꽈리멸치 치킨	41
냄비 바비큐	45
초간단 바싹 불고기	48
갈비치킨	51
어향가지	54
모두의 닭백숙	58
김치찜	60
버터 새우	63
버터 감바스	65
돈파육	68
양념 육회	70
만 원 찜닭	73
고추장 버터 등갈비	77
만 원 반반치킨	81
오징어 회무침과 천 원 깻잎전	84
간장게장	88
양념게장	90

평생 김밥	97
평생 김치볶음밥	100
달걀볶음밥	102
매콤 게살볶음밥	105
스팸 덮밥	108
10분 리소토	110
10분 달걀덮밥	112
어남선생 파에야	115
에그 전복죽	119
무수분 마늘 카레	122

원 팬 토마토 버터 파스타	128
차돌볶음 파스타	131
스팸 케첩 파스타	134
명란 버터 파스타	138
원 팬 우유 버터 파스타	140
원 팬 우유 버터 봉골레	143
원 팬 카르보나라	146
보일링 크랩	149
골뱅이 소면	152
참간초면	155
원 팬 삼겹 잡채	157
분식집 라볶이	160
어묵국수	162
설마고추장비빔면	164

PART 4 평생 국탕찌개

초간단 홍합탕	170
한우양지미역국	173
어남선생 감자탕 완결판	177
평생 김치찌개	181
평생 된장찌개	184
스팸 순두부찌개	189
고추장찌개	192
로제 부대찌개	194
녹두삼계탕	197
러브 황태해장국	200
평생 육개장	203

PART 5 평생 간식

즉석 떡볶이	210
평생 떡볶이	212
짜장 떡볶이	214
궁중 떡볶이	216
휴게소 버터감자	218
크레이지 고구마	220
달걀 샌드위치	222
콘치즈	226
꿀새우피자	229
한 판 굴전	232
한 판 떡꼬치	234
크림치즈 연어 샌드위치	237
원조 길거리 토스트	241
치즈 퐁뒤	245
허니마요 떡볶이	249
만두피 추로스	253
프렌치 토스트	254
사치빵	256
감자 수프	258
호감 수프	260
당근 수프	262
새우 타파스	265

PART 1

평생특식

사랑하는 사람으로부터 요리를 대접받을 기회가 생긴다면
너무 평가하려 하지 말고 꼭 맛있다고 해주세요.
칭찬은 고래도 요리하게 합니다.
요리는 생각보다 어렵지 않아요.
요리는 기대보다 쉽고, 생각보다 즐겁답니다.

평생 제육볶음

한국인의 소울푸드, 제육볶음!
시판 배 음료를 사용해 한 번만 따라 해보면 앞으로 평생 집에서 간단하게 제육볶음을 만들어 먹을 수 있어요.
고기 좋아하는 자취생분들은 고기를 양껏 넣어 양념에 재워두고 일주일간 밥반찬으로 그때그때 데워 드세요.
밥에 비벼 먹기에도 그만입니다.

재료

돼지고기 앞다리살 600g,
설탕 2큰술, 간장 3큰술,
식초 2큰술,
고추장 듬뿍 3큰술,
다진 마늘 2큰술,
갈아만든 배 238ml 1캔,
참기름 ⅖큰술, 대파 1대,
양파 1개, 청양고추 3개,
소금, 후추, 통깨, 식용유

준비

● 돼지고기 앞다리살은 키친타월로 핏물을 제거하고, 먹기 좋은 크기로 썬다.

● 청양고추는 길게 반으로 가른 뒤 송송 썬다.
● 양파는 채썬다.
● 대파는 어슷썬다.

만드는 법

밀폐용기의 뚜껑을 닫고 흔들면 더 잘 섞입니다.

1 밀폐용기에 설탕 2큰술, 간장 3큰술, 식초 2큰술, 고추장 듬뿍 3큰술, 다진 마늘 2큰술, 소금 2꼬집을 넣고 설탕이 녹을 때까지 잘 섞는다.

2 갈아만든 배 1캔을 넣고 섞는다.

양파, 대파는 버무리지 말고 그냥 올리세요.

 돼지고기 앞다리살을 뭉치지 않게 떼어서 넣고 잘 버무린 뒤, 참기름 ⅓큰술, 청양고추를 넣고 섞는다.

 양파, 대파를 고기 위에 올리고 소금 1꼬집을 뿌린 뒤, 밀폐용기 뚜껑을 닫는다.
● 하루 정도 숙성하면 더 맛있습니다.

프라이팬에 고기를 올린 뒤, 뒤적이지 말고 기다려주세요.

 달군 프라이팬에 식용유를 넉넉히 1바퀴 두르고, 양념한 고기를 먼저 굽는다.
● 기름이 모자라면 식용유를 추가하세요.

7 양파, 대파를 넣은 뒤 뒤적인다.

6 거뭇거뭇한 부분이 생기면 골고루 섞어가며 볶는다.

8 뚜껑을 덮고 3분 더 익힌 뒤, 그릇에 담고 후추, 통깨, 청양고추를 올려 마무리한다.

긴급제육 119

더욱 빠르게 완성할 수 있는 제육볶음입니다.
냉장고에 남아 있던 삼겹살 반 근으로 근사한 특식을 만들어보세요. 손이 빠르면 9분 만에도 조리 가능하답니다.
깻잎은 다다익선이니, 아끼지 말고 듬뿍 넣으세요.

재료

삼겹살 300g, 대파 1대,
양파 ½개, 마늘 1줌,
깻잎 10장, 설탕 1+½큰술,
간장 1큰술,
고추장 듬뿍 2큰술,
식초 1큰술, 참기름 1큰술,
후추 10바퀴, 통깨

● 삼겹살 양을 600g으로 늘릴 경우, 양념 계량은 간장만 2큰술로 바꿔주세요.

준비

- 대파는 반으로 가르고 3~4cm 길이로 썬다.
- 양파는 채썬다.
- 깻잎은 먹기 좋은 크기로 썬다.
- 삼겹살의 오돌뼈는 칼집을 낸다. 잘라내도 무방합니다.

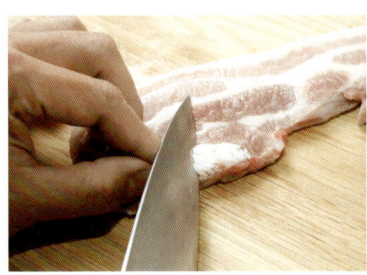

만드는 법

1 예열한 팬에 삼겹살을 올려 강불로 굽는다.

2 아랫면이 익으면 중불로 낮추고 뒤집어 굽는다.

3 삼겹살이 80% 정도 익으면 한입 크기로 자른다.

4 불을 끄고 설탕 1+½큰술, 진간장 1큰술, 고추장 듬뿍 2큰술을 넣은 뒤, 강불로 올려 볶는다.

눌어붙은 양념을 섞어가며 볶으세요.

5 양념이 끓으면 중불로 낮춰 마늘, 대파, 양파를 넣어 1분 볶고, 식초 1큰술, 참기름 1큰술, 후추 10바퀴를 넣어 1분 볶는다.

6 깻잎을 넣고 뚜껑을 덮어 약불로 10초 뜸 들인 후 통깨를 뿌린다.

 매운맛을 원할 경우, 청양고추를 추가하세요.

만 원 닭볶음탕

만 원으로 해결하는 근사한 한 끼, 닭볶음탕 한 솥 만들어 온 가족 든든하게 식사하세요.
고추장을 빼고 칼칼하게 준비해봤어요.
훌륭한 식사이자 최고의 안주가 된답니다.

재료

닭볶음탕용 닭 1마리,
감자 2개, 파 1대, 양파 1개,
청양고추 4개, 진간장 8큰술,
고춧가루 4큰술, 설탕 3큰술,
다진 마늘 1큰술,
쌈장 듬뿍 1큰술,
소금 3꼬집, 물 800ml

준비

기름은 떼지 마세요.

- 닭은 흐르는 물에 잘 씻고, 붙어 있는 내장을 뗀다.
- 감자는 껍질을 깎고 1cm 두께로 썬다.   • 대파는 굵게 송송 썬다.
- 양파는 굵게 채썬다.   • 청양고추는 송송 썬다.

만드는 법

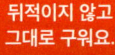
뒤적이지 않고
그대로 구워요.

1 예열한 웍에 손질한 닭을 껍질이 아래로 가도록 올린 뒤
소금 3꼬집을 뿌려 강불로 3분 굽는다.
- 닭은 기름이 많은 부위부터 하나씩 올리세요.
- 기름기가 없는 닭일 경우 식용유 1큰술을 두르세요.

2 닭에서 기름이 나오면
다진 마늘 1큰술, 파를 넣고 볶는다.

간장을 바르르 끓이는 것이 포인트예요!

3 닭을 한쪽으로 몰아 진간장 8큰술을 넣고 바르르 끓인 뒤, 중불로 낮춰 고춧가루 4큰술, 설탕 3큰술을 넣고 볶는다.

4 고추기름이 나오면 물 800ml, 쌈장 듬뿍 1큰술을 넣어 강불로 끓인다.

감자를 웍 가장자리 쪽에 넣으면 부서지지 않습니다.

 물이 끓으면 뚜껑을 덮고 10분 끓인다.

 감자, 양파, 파를 넣고 뚜껑을 덮어 중불로 15분 더 끓인다.

- 간을 보고 싱거우면 취향에 맞게 더 졸여 먹으면 됩니다.
- 청양고추, 홍고추 등 고명용 채소를 올리면 더욱 예쁘게 완성할 수 있습니다.

요렇게!

만 원 갈비찜

혀에 착착 감기는 단짠단짠 돼지고기 갈비찜. 소갈비보다 조리도 쉽고 조리 시간도 짧답니다.
게다가 이렇게 푸짐한데 단돈 만 원?
가족들 모두 모이는 명절이나 손님을 집으로 초대한 날, 만만하게 만들어 특별하게 즐기세요.

재료

돼지갈비 1kg, 대파 2대,
양파 1개, 소금 2꼬집,
설탕 5큰술, 식초 1큰술,
진간장 5큰술, 참치액 5큰술,
고춧가루 3큰술,
다진 마늘 듬뿍 3큰술,
케첩 2큰술, 후추 20바퀴,
물 500ml, 청양고추 2개

준비

- 돼지갈비는 흐르는 물에 1~2회 주무르듯 씻어낸다.
- 대파는 송송 썬다.
- 양파는 채썬다.
- 청양고추는 송송 썬다.

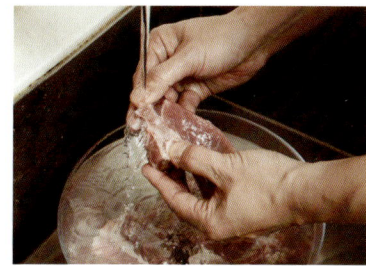

만드는 법

뒤적이지 않고 그대로 구워주세요.

소금 2꼬집!

설탕 5큰술!

 예열한 웍에 갈비를 올리고 소금 2꼬집을 뿌린 뒤, 기름이 나올 때까지 강불로 3분 굽는다.
- 지방 부분이 아래로 가게 두세요.

 연기가 나면 고기를 뒤집고 중불로 줄여 설탕 5큰술을 넣고 볶는다.

3 겉면에 설탕이 코팅되면 식초 1큰술을 넣는다.

4 진간장 5큰술, 참치액 5큰술을 넣어 바르르 끓인다.

5 고춧가루 3큰술을 넣고 살짝 볶듯이 섞는다.

6 파, 양파, 다진 마늘 듬뿍 3큰술, 케첩 2큰술을 넣고 강불로 3분 볶는다.
● 양파의 숨이 죽을 때까지 볶으세요.

눌어붙은 양념을 긁어가며 볶으세요.

7 물 500ml, 후추 20바퀴를 넣고 물이 끓으면 뚜껑을 덮어 약불로 40분 졸인다.

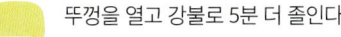
양념이 걸쭉해지면 불을 끄세요.

8 뚜껑을 열고 강불로 5분 더 졸인다.

9 송송 썬 청양고추를 올려 마무리한다.

원 팬 등갈비

아이들이 좋아하는 달콤한 맛에 어른들의 후각까지 자극하는 불향 솔솔 등갈비입니다.
설거짓거리 없이 깔끔한 원 팬 요리예요. 알아두면 연말 파티 때나
근사한 저녁을 뽐내고 싶을 때 비장의 무기가 되는 레시피랍니다.

재료

돼지등갈비 600g, 대파 2대, 양파 1개,
마늘 1줌, 진간장 4큰술, 참치액 3큰술,
갈아만든 배 238ml 1캔, 설탕 4큰술,
소금 3꼬집, 식초 2큰술,
물 300ml, 식용유

준비

- 등갈비는 1대씩 썰고 물에 씻은 뒤, 키친타월로 물기를 제거한다.
- 대파, 양파는 최대한 얇게 썬다.
- 마늘은 껍질을 깐다
- 진간장 4큰술, 참치액 3큰술을 섞어 등갈비 양념을 만든다.

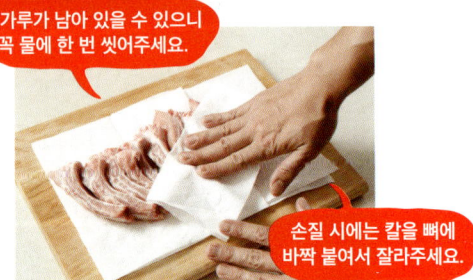

뼛가루가 남아 있을 수 있으니 꼭 물에 한 번 씻어주세요.

손질 시에는 칼을 뼈에 바짝 붙여서 잘라주세요.

만드는 법

> 고기의 수분을 날리기 위해 강불로 구워주세요.

1 중불로 프라이팬을 충분히 예열하고 등갈비를 올린다.

2 식용유를 1바퀴 두르고 소금 3꼬집을 뿌려 2~3분 노릇하게 한쪽 면을 굽는다.

3 등갈비를 뒤집고 중불로 줄인 뒤, 양념을 넣고 태우듯이 3분 볶는다.
● 등갈비에 양념이 배어 진한 색이 날 때까지 볶아주세요.

> 양념이 골고루 배도록 중간에 한 번 정도 뒤집어주세요.

> 기름이 끓기 시작하면 눌어붙은 양념을 등갈비에 묻혀 불맛을 입히는 게 포인트입니다.

4 설탕 4큰술을 넣고 중불에서 조금 더 볶다가 양념이 바글바글 끓으면 손질한 대파, 양파를 넣고 강불에서 볶는다.

> 등갈비가 골고루 물에 잠기도록 넣어주세요.

5 대파, 양파의 숨이 죽으면 마늘, 갈아만든 배 1캔, 물 300ml, 식초 2큰술을 넣고 강불에서 바글바글 끓으면, 뚜껑을 덮어 약불에서 40분 끓인다.

6 뚜껑을 열고 강불에서 10분 더 졸이면 완성!
● 수분이 다 날아가고 기름이 자글자글 끓을 때까지 졸여주세요.

꽈리멸치 치킨

치밥에 딱! 치킨계의 밥도둑! 밥과 찰떡궁합인 꽈리멸치 치킨입니다. 단돈 만 원으로 만들 수 있으니, 직장인분들은 주말에 미리 잔뜩 만들어두었다가 도시락 반찬으로 싸 가는 것도 좋아요.

재료
닭볶음탕용 닭 1kg,
잔멸치 1공기,
꽈리고추 200g, 대파 1대,
마늘 1줌, 소금 4꼬집,
멸치액젓 1큰술,
굴소스 1큰술, 설탕 1큰술,
진간장 5큰술,
물엿 ½컵, 참기름 ½큰술,
식용유, 통깨

● 국물용 멸치는 쓴맛이 날 수 있어요. 잔멸치를 쓰는 것이 좋습니다.

준비

꽈리고추의 끝을 자르면 양념이 안까지 잘 스며듭니다.

● 닭은 키친타월로 물기를 제거한 뒤, 힘줄을 자른다.
● 대파는 3~4cm 길이로 썬다.
● 꽈리고추는 씻어서 꼭지 부분을 자른 뒤, 포크로 찍어 구멍을 낸다.

연기가 나기 시작하면 불을 끄세요.

● 강불로 예열한 팬에 잔멸치를 넣고 중불에서 노릇노릇하게 볶아 비린내를 날린다.

만드는 법

1 강불로 달군 웍에 식용유 3바퀴를 두르고 손질한 닭을 껍질부터 넣은 뒤, 소금 4꼬집을 뿌려 3분 굽는다.
● **금방 익는 가슴살은 다른 살 위에 올려서 익혀주세요.**

2 중불로 줄이고 닭을 뒤집은 뒤, 식용유 1바퀴를 두르고 뚜껑을 덮어 10분 굽는다.

3 마늘, 대파를 넣고 살짝 볶은 뒤, 뚜껑을 덮어 5분 굽는다.

타지 않도록 중간에 한두 번 흔들어 섞어주세요.

> 액젓부터 넣어야 비린내를 날릴 수 있습니다.

4 손질한 꽈리고추, 볶아둔 잔멸치를 넣고 볶는다.

5 웍 가장자리에 멸치액젓 1큰술, 굴소스 1큰술을 넣고 살짝 볶아 비린내를 날린다.
● 비린내가 날아갈 때까지 충분히 볶아주세요.

6 재료를 한쪽으로 몰고, 빈 공간에 진간장 5큰술을 넣고 팬을 한쪽으로 기울여 끓인 뒤 잘 섞는다.
● 간장을 끓이면 산미가 날아가고 풍미가 생깁니다.

7 설탕 1큰술, 물엿 ½컵을 넣고 볶는다.

8 뚜껑을 덮고 중약불에서 3분 뜸 들인다.
● 집마다 화력이 다르므로, 타는 것 같으면 약불로 줄여주세요.

9 불을 끈 뒤, 참기름 ½큰술을 넣고 잘 섞은 후 통깨를 뿌린다.
● 참기름은 향이 금방 날아가기 때문에 마지막에 넣으세요.

냄비 바비큐

집에서 고기 냄새 없이 즐기는 냄비 바비큐입니다.
뚜껑을 덮어 익히면 기름이 많이 튀지 않으니 뒷정리도 간단해요.
껍질이 붙은 오겹살로 조리하면 더욱 맛있는 삼겹살 바비큐가 25분이면 완성됩니다.

재료

껍질 붙은 통삼겹 600g,
마늘 1공기,
식용유, 소금

준비

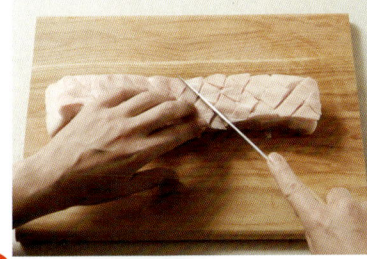 

한 덩어리당 소금 2꼬집 정도 사용하면 됩니다.

- 통삼겹은 껍질에 격자 모양으로 큼직하게 칼집을 넣고 4등분한다.
- 통삼겹의 모든 면에 소금을 문지르는 느낌으로 발라 밑간한다.

만드는 법

1 냄비를 중불에서 3~4분 연기가 날 정도로 충분히 달군 뒤 식용유 1바퀴를 두른다.
- 두께감 있는 스테인리스 냄비를 사용하면 좋습니다.
- 식용유를 넣었을 때 냄비 바닥에 물결이 생기면 충분히 예열된 것입니다.

2 밑간한 통삼겹을 껍질 부분이 아래로 가도록 넣고 뚜껑을 덮은 뒤 중약불로 줄인다.

오븐 효과를 유지하려면 고기를 뒤집고 뚜껑을 꼭 덮어야 합니다.

중간중간 고기를 뒤집어가며 모든 면이 노릇해지도록 10분 익힌다.

마늘이 타지 않도록 중간중간 냄비를 흔들어주세요.

4 마늘 1공기를 모두 넣고 뚜껑을 덮은 뒤 10분 익힌다.
● 마늘의 3분의 1이 고기 기름에 잠겨야 합니다. 기름이 모자란 경우 식용유를 추가하세요.
● 파, 양파 등 수분이 있는 채소를 넣으면 바비큐가 아니라 수육처럼 될 수 있습니다. 반드시 마늘만 넣어주세요.

5 마늘 위에 통삼겹을 올리고 뚜껑을 덮은 뒤 약불에서 5분 뜸 들이듯 익힌다.
● 고기의 총 조리 시간은 25분을 넘기지 않아야 합니다.

6 고기를 꺼내 접시에 담은 뒤, 대접이나 면기로 덮어 5분 그대로 둔다.
● 육즙이 전체적으로 퍼지게 하는 레스팅 과정입니다.

7 먹기 좋은 크기로 썬다.
● 육즙은 페스토에 사용하니 버리지 마세요.

허니 마늘 페스토

재료 꿀 3큰술, 통깨 2큰술, 소금 ½큰술

만드는 법

1 지퍼백에 고기 기름에 구운 마늘을 담는다.

2 꿀 3큰술, 통깨 2큰술, 소금 ½큰술을 넣어 으깬다.

3 고기 육즙을 넣고 잘 섞어서 마무리한다.
● 냄비 바비큐에 허니 마늘 페스토를 곁들여 드세요.

시판 바비큐 소스와 섞어 먹으면 색다른 맛이 있습니다.

완성!

초간단 바싹 불고기

저렴한 불고깃감 소고기로 옛 양반 음식을 밥상에 올려보세요.
뜨거울 때 먹어야 제맛이니 꼭 상을 다 차린 후에 조리하세요.
4분이면 완성! 지방이 적당히 어우러진 부위일수록 맛이 좋습니다.

재료 불고깃감 소고기 600g, 다진 마늘 1큰술, 설탕 2큰술, 간장 3큰술, 식초 ½큰술,
참기름 1큰술, 굴소스 1큰술, 후추 20바퀴, 식용유, 통깨

만드는 법

> 고기는 지방이 많은 부위가 맛있습니다.

> 덩어리가 없도록 손으로 고기를 잘 주물러야 식감이 좋아집니다.

 소고기는 손가락 너비로 썬다.

2 볼에 소고기를 넣고 다진 마늘 1큰술, 설탕 2큰술, 간장 3큰술, 식초 ½큰술,
참기름 1큰술, 굴소스 1큰술, 후추 20바퀴를 넣고 잘 버무려 재운다.

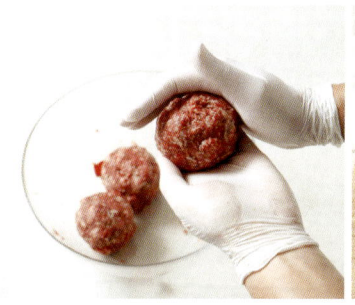  

> 구우면 크기가 줄어들기 때문에 크게 펼쳐주세요.

> 이대로 지퍼백에 넣어 냉동실에 보관하면 1개월 동안 먹을 수 있습니다.

 종이포일 위에 2의 불고기를 야구공 크기(약 200g)로 올리고, 납작하게 잘 펴준다.
- 최대한 균일한 두께로 펴되, 가운데는 잘 안 익을 수 있으니 조금 더 얇게 눌러주세요.

> 고기가 오그라들 수 있으니, 윗면에는 종이포일을 붙인 채로 구워주세요.

> 총 4분 구우면 됩니다.

 중불에 달군 팬에 식용유를 3바퀴 두르고, 잘 펴둔 고기를 넣어 2분 굽는다.
- 프라이팬을 충분히 달군 뒤 구워야 합니다.
- 고기가 오그라들지 않게 끝부분을 눌러가며 구워주세요.

 종이포일을 떼고 고기를 뒤집어 2분 더 구운 뒤, 취향껏 통깨를 뿌리면 완성!

갈비치킨

> 방송이 나간 후 반응이 참 폭발적이었던 레시피예요.
> 이것은 갈비인가, 치킨인가. 배달보다 빠르게, 단 25분 만에 닭 한 마리로 완성하는 갈비!
> 갈비치킨으로 오늘 저녁 식탁을 풍성하게 만들어보세요.

재료

10호 닭볶음탕용 닭 1마리,
대파 2대, 마늘 1줌,
소금 3꼬집, 생강 1톨,
설탕 1큰술, 간장 3큰술,
굴소스 듬뿍 1큰술,
물엿 6큰술,
식용유, 통깨

준비

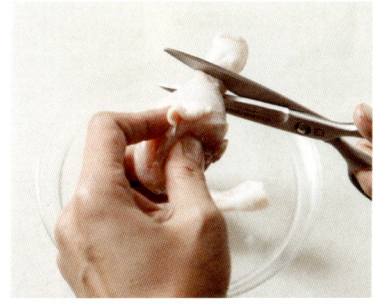

- 닭날개는 끝부분을 제거하고, 닭다리는 힘줄 부분을 자른다.
- 손질한 닭은 흐르는 물에 씻어 불순물을 제거하고, 키친타월로 물기를 닦는다.
  닭에 물기가 있으면 구워지지 않고 쪄질 수 있으니 물기를 잘 제거해주세요.
- 대파는 반을 가르고 4~5cm 길이로 썬다.
- 생강은 편 썬다.

만드는 법

1 강불로 달군 웍에 식용유 3바퀴를 두르고 손질한 닭을 껍질이 아래로 가도록 넣은 뒤, 소금 3꼬집을 뿌려 강불에서 3분 굽는다.
● 닭을 구울 때 뒤적이지 마세요.

2 중불로 줄이고 닭을 뒤집은 뒤, 뚜껑을 덮고 3분 굽는다.

 생강을 넣은 후 뚜껑을 덮고 닭을 10분 더 굽는다.
● 닭이 타지 않게 중간중간 뒤적이면서 눌어붙은 곳을 긁어주세요.

 마늘, 대파를 넣고 잘 볶는다.

 설탕 1큰술을 넣고 잘 섞는다.

6 닭과 채소를 한쪽으로 몰고, 빈 공간에 간장 3큰술을 넣어 살짝 태우듯이 끓이고 섞는다.

7 굴소스 듬뿍 1큰술, 물엿 6큰술을 넣고 잘 섞는다.
● 물엿 대신 올리고당을 사용해도 괜찮아요.

8 약불로 줄이고 뚜껑을 덮어 5분 뜸 들인 후, 뚜껑을 열고 강불로 색이 진해질 때까지 바싹 졸인다.

9 그릇에 치킨을 담고 통깨를 넉넉히 뿌려 마무리한다.
● 총 조리 시간은 25분을 넘기지 않아야 부드러운 닭을 먹을 수 있습니다.

어향가지

새콤달콤한 어향 소스와 가지의 조합은 늘 옳지요.
가지가 가장 맛있는 가을에 만들기 참 좋은 메뉴입니다.
가지를 2천 원어치만 사서 집에 있는 재료를 활용해 가성비 좋게 한 끼 해결해보세요.

가지튀김

재료 가지 2개, 식용유 1L, 감자전분 4큰술,
설탕 1큰술, 소금 ½큰술

만드는 법

1 가지는 꼭지를 제거하고 지그재그로 돌려가며 큼직하게 썬다.

2 볼에 썬 가지를 넣고 설탕 1큰술, 소금 ½큰술을 뿌려 가지에서 수분이 나올 때까지 잠시 둔다.

 물은 넣지 않고 가지의 수분만 사용해야 바삭한 튀김이 됩니다.

3 수분이 빠진 가지에 감자전분 4큰술을 넣고 섞는다.

4 강불로 달군 웍에 식용유를 충분히 붓는다.
- 튀김 반죽을 기름에 조금 넣었을 때 보글보글 끓어오르면 적당한 온도가 된 거예요.

5 가지를 넣고 중강불에서 4분 튀긴다.
- 좀 더 바삭하게 먹고 싶다면 한 번 더 튀기세요.

기름이 넉넉할수록 완성도가 높아져요.

가지튀김에 그냥 소금만 찍어 먹어도 맛있습니다.

어향 소스

재료 생강 1톨, 마늘 1줌,
대파 1대, 청양고추 4개, 설탕 1큰술,
물엿 6큰술, 간장 2큰술, 식초 1큰술,
케첩 2큰술, 소금 2꼬집, 감자전분 적당량,
물, 식용유

준비
- 생강은 편 썬다.
- 마늘은 다지고, 대파는 송송 썬다.
- 청양고추는 손가락 1마디 크기로 숭덩숭덩 썬다.
- 감자전분과 물을 1:3 비율로 섞어 전분물을 만든다.

만드는 법

1 중불로 달군 팬에 식용유 4바퀴를 두르고 중약불로 줄인 뒤, 편으로 썬 생강을 넣어 쪼그라들 때까지 3~4분 볶는다.

2 생강을 건져낸 기름에 다진 마늘을 넣고 마늘이 노릇해질 때까지 볶는다.

3 대파와 청양고추를 넣은 후, 대파가 투명해지고 청양고추가 숨이 살짝 죽을 때까지 볶는다.

채소를 한꺼번에 넣으면 기름을 내기 어려우니 꼭 순서대로 넣어주세요.

4 약불로 줄인 뒤 설탕 1큰술을 넣고 잘 섞는다.

5 물엿 6큰술, 간장 2큰술, 식초 1큰술, 케첩 2큰술, 소금 2꼬집을 넣고 섞는다.

아차! 소금!

6 전분물 2큰술을 넣고 소스가 걸쭉해질 때까지 살짝 끓인다.

7 만들어둔 가지튀김에 어향 소스를 끼얹으면 완성!

나무 주걱으로 팬 바닥을 긁었을 때 길이 생기면 소스화가 잘된 거예요.

모두의 닭백숙

닭 손질 어렵지 않아요. 칼 없이 가위로 후딱 손질하는,
저만의 노하우가 가득한 레시피입니다.
무더위에 지친 여름날, 이만한 보양식이 없죠.

재료　12호 생닭 1마리, 생강 20g, 마늘 1줌, 물 3L, 양파 1개, 대파 1대, 소금 ½큰술

준비

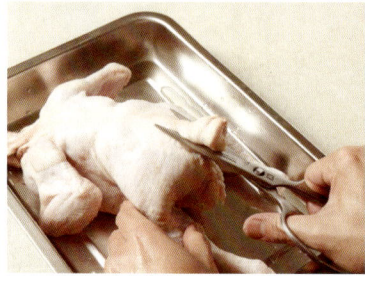 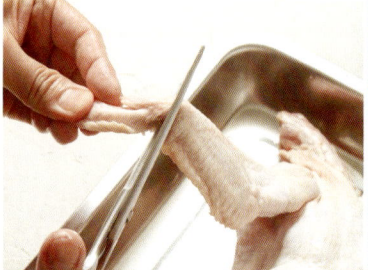 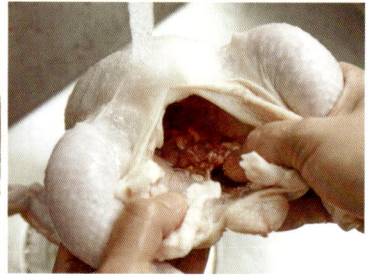

- 닭의 꽁지 앞뒤에 붙어 있는 지방, 목덜미 지방을 가위로 제거한다.
- 피가 고여 있는 닭다리 끝, 날개 끝 관절을 잘라내고 잔지방을 제거한다.
- 흐르는 물에 닭 내부를 깨끗이 씻는다.
- 생강은 편으로 썰어 4조각으로 만든다.
- 대파는 냄비에 들어갈 크기로 숭덩 자른다.

만드는 법

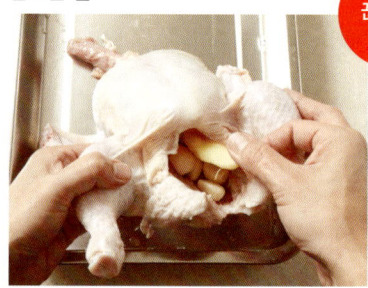  

힘줄이 끊어지지 않도록 주의하세요.

1 손질한 닭 안에 생강, 마늘을 넣는다.

2 닭의 한쪽 다리 힘줄 옆에 칼집을 넣고, 반대쪽 다리를 칼집 낸 곳에 넣어 꼬아준다.

 3 냄비에 물 3L와 닭, 양파, 대파를 넣고 뚜껑을 덮어 50분~1시간 끓인다.
- 물 양은 닭이 잠길 정도로만 붓고, 물이 반으로 줄어들 때까지 끓이면 됩니다.
- 강불에서 와르르 끓기 시작하면 뚜껑을 덮고 중불에서 끓여주세요.

 4 불순물을 걷어내고 소금 ½큰술로 간한 뒤 마무리한다.

김치찜

집에서 아내와 오붓하게 와인 한잔할 때 즐겨 하는 요리입니다.
김치도, 와인도 같은 발효식품. 둘이 참 잘 어울린답니다. 물론 식사에도 훌륭한 주연이 되는 친구지요.
고기와 김치를 동량으로 잡아서 만들어보세요!

재료 묵은지 500g, 김치 국물 약간, 돼지고기 앞다리살 500g, 소금 1꼬집, 물 1L, 새우젓 1큰술, 대파 흰 부분 2~3대, 마늘 1줌, 멸치액젓 2큰술, 간장 1큰술, 설탕 1큰술, 다진 마늘 듬뿍 1큰술, 식용유
● 돼지고기 앞다리살은 기름이 많은 부위가 훨씬 더 맛있습니다.

만드는 법

1 돼지고기 앞다리살에 소금 1꼬집을 뿌려 간한다.

2 달군 냄비에 식용유 2바퀴를 두른 뒤, 돼지고기 앞다리살을 통으로 넣고 노릇하게 굽는다.

> 설탕을 넣으면 묵은지의 '시큼'이 '새콤'으로 바뀌어요. 설탕이 싫다면 양파를 사용하세요.

> 돼지고기와 묵은지는 같은 양을 넣어야 합니다.

3 중불로 줄이고 묵은지와 김치 국물을 약간 넣는다.

4 물 1L를 붓고, 대파는 김치 크기로 길쭉하게 썰어 넣고, 마늘 1줌을 넣는다.

5 새우젓 1큰술, 멸치액젓 2큰술, 간장 1큰술, 설탕 1큰술을 넣고 간한 뒤, 뚜껑 덮고 중불에 50분 끓인다.
● 30~40분 끓이면 쫄깃한 수육 식감의 고기를, 50분 이상 끓이면 야들야들 부드러운 식감의 고기를 맛볼 수 있습니다.

> 다진 마늘은 마지막에 넣어야 마늘 향이 훨씬 살고 맛있어집니다.

6 다진 마늘 듬뿍 1큰술을 넣고 뚜껑 덮은 뒤, 약불에 5분 뜸 들인다.
● 김치가 덜 익어 산미가 부족하다면, 식초 2큰술을 넣어도 좋아요.

7 큰 그릇에 고기를 먹기 좋게 썰어 담고 김치를 통으로 올린 뒤, 국물을 부으면 완성!

버터 새우

요리랄 것도 없이 쉬운 레시피입니다. 크래커나 빵, 꿀과 함께 상에 올리면 와인 안주로 최고랍니다. 빵에도 파스타에도 곁들여 먹으며 다양하게 즐길 수 있는 버터 새우를 5분 만에 만들 수 있어요.

> 버터 새우 소스에 빵을 찍어 먹거나 파스타 면을 곁들여 먹어도 훌륭합니다.

재료
냉동새우 400g, 버터 40g, 소금 ½작은술, 마늘 5쪽, 다진 마늘 2큰술, 후추 10바퀴, 파슬리 가루 약간

준비

- 냉동새우는 흐르는 물에 씻어 체에 밭쳐둔다.

- 마늘 5쪽은 편 썰어서 준비한다.

만드는 법

> 새우는 5분 이내로 조리해야 탱글하고 맛있습니다.

> 새우를 넣은 뒤에는 버터가 탈 수 있으니 약불로 줄여주세요.

1 중불에 달군 팬에 버터 40g, 냉동새우, 소금 ½작은술, 다진 마늘 2큰술, 편마늘, 후추 10바퀴 순서로 넣고 볶는다.

> 방울토마토와 꿀을 올려 먹으면 더욱 맛있습니다.

2 파슬리 가루를 뿌려 마무리한다.

버터 감바스

버터 새우쯤은 이제 자신 있다면 감바스를 하실 차례랍니다.
라면 수프가 킥이지만 없다면 치킨스톡이나 비슷한 조미료를 쓰셔도 무방해요.

재료

냉동새우 400g, 방울토마토 1공기,
다진 마늘 3큰술, 버터 60g,
식용유 ½컵, 페퍼론치노 약간,
소금 ½작은술, 라면 수프 ½큰술,
파슬리 가루 약간, 꿀 약간,
바게트 빵

만드는 법

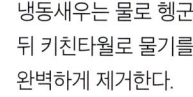 냉동새우는 물로 헹군 뒤 키친타월로 물기를 완벽하게 제거한다.

 토마토는 꼭지를 제거하고 팬에 식용유 ½컵과 함께 넣어 중약불에서 뚜껑을 덮어 끓인다.

마늘이 노릇해질 때까지
끓이는 것이 좋습니다.

 토마토 껍질이 슬슬 벗겨지면 버터 60g, 다진 마늘 3큰술, 소금 ½작은술, 라면 수프 ½큰술, 새우를 넣고 섞는다.
- 굵은 소금을 제외한 고운 소금이나 정제소금을 사용해주세요.
- 불 세기에 따라 5~7분 익혀주세요. 8분 이상 익히면 새우가 퍽퍽해집니다.

4 페퍼론치노를 약간 넣고 뚜껑을 덮어 중불에서 5분 익힌다.

5 마무리로 파슬리 가루를 뿌리면 감바스 완성!
● 바게트 빵은 사선으로 길게 잘라 곁들이고, 꿀도 따로 소스 종지에 담아 냅니다.

바질 잎이나 바질 페스토를 올리면 풍미가 올라갑니다.

돈파육

언젠가 아버지께 술 안주로 해드렸던 요리인데,
방송에서 소개한 후 반응이 참 좋았던 기억이 납니다.
파 한 단이 순삭되는, 파의, 파에 의한, 파를 위한 돼지고기 요리랍니다.
무엇보다 재료를 다 넣고 끓이기만 하면 되니
조리는 정말 간단한데, 깊은 맛이 일품이에요.

재료 돼지고기 앞다리살 1.3kg, 대파 1단, 마늘 10쪽, 생강 3+½톨, 양파 1개, 팔각 1개, 후추 1작은술, 진간장 200ml, 미림 ½컵, 청주 ½컵, 설탕 5큰술, 물 1.8L

준비

- 돼지고기 앞다리살은 키친타월로 물기를 제거한다.
- 대파는 뿌리를 제거한 뒤, 반으로 갈라 4등분한다.
- 양파는 반으로 자른다.

만드는 법

> 일반 설탕 대신 흑설탕을 사용하면 더욱 맛있어요.

1 냄비에 돼지고기 앞다리살을 넣고, 마늘 10쪽, 생강 3+½톨, 청주 ½컵, 양파, 팔각, 대파, 그리고 후추를 듬뿍 갈아 넣는다.

2 진간장 200ml, 미림 ½컵, 설탕 5큰술을 넣고 물 1.8L를 부은 뒤, 뚜껑을 연 채 강불에서 40~50분 졸인다.

3 삶은 고기만 건져내 한 김 식힌다.

4 나머지 양념은 15분 더 끓여 졸인다.

5 고기를 먹기 좋은 크기로 썰고 대파도 건져서 예쁘게 접시에 담는다. 졸인 양념을 부어 촉촉하게 해주면 완성!

양념 육회

설깃살이 좋지만 정육점에 가 육회용 고기 달라고 해서 그날의 좋은 부위로 만들면 된답니다.
넉넉히 한 근을 사용해 만들어 아쉬움 없이 드셔보세요. 배도 채썰어 함께하면 금상첨화겠죠?
밥에 달걀노른자와 채소를 곁들여 육회 비빔밥으로 먹어도 맛있어요.

재료 설깃살 600g, 참깨 3큰술, 참기름 3큰술, 물엿 3큰술, 고추장 1큰술, 다진 마늘 1큰술, 배 ½개, 달걀노른자 1개

만드는 법

  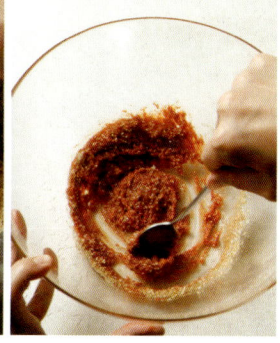 

1 참깨는 절구로 곱게 간다.

2 1의 참깨가루에 참기름 3큰술, 물엿 3큰술, 고추장 1큰술, 다진 마늘 1큰술을 섞어 양념장을 만든다.

3 설깃살에 양념장을 넣고 살살 무친다.

4 배를 채썰어서 접시에 깔고 육회를 얹은 후, 달걀노른자를 올리면 완성!

> 육회 비빔밥을 위해 양념장을 조금 남겨두면 좋아요.

육회 비빔밥

재료 양념 육회 적당량, 달걀노른자 1개, 밥 1공기, 대파 2대, 상추 4장, 쌈무 4장

준비
- 대파는 파채 칼로 자르고 식촛물에 담가둔다.
- 상추는 채썬다.
- 쌈무는 채썬다.

만드는 법

1 그릇에 밥을 담고 채썬 대파, 상추, 쌈무와 육회를 듬뿍 올린다.

2 양념장 1큰술을 두르고, 달걀노른자를 올리면 완성!

만 원 찜닭

밖에서 사 먹는 맛을 내고 싶어 완성하기까지 많은 공을 들였어요. 완성하기까지 2년이 조금 더 걸린 레시피랍니다. 차근차근 따라 하면 우리 집이 60년 전통 찜닭 맛집! 짜장가루가 맛의 비결이에요.

남은 양념에 밥, 조미김, 참기름을 넣어 비벼 먹으면 맛있습니다.

재료

닭볶음탕용 닭 1kg, 대파 1대, 양파 1개, 감자 3개, 당면 100g, 소금 3꼬집, 베트남 고추 1줌, 진간장 8큰술, 짜장가루 2큰술, 굴소스 2큰술, 설탕 3큰술, 다진 마늘 1큰술, 다진 생강 ½큰술, 물 900ml, 식초 1큰술, 후추 20바퀴, 고춧가루 1큰술

● 베트남 고추는 페퍼론치노 혹은 일반 건고추로 대체 가능합니다.

준비

● 당면은 미지근한 물에 담가 불린다.

당면 100g은 달리기 계주 때 사용하던 바통 크기로 한 움큼 잡은 양입니다.

● 닭은 깨끗이 세척한 후 칼집을 내고 물에 담가둔다.

● 양파는 채썬다.   ● 감자는 1cm 두께로 썬다.   ● 대파는 송송 썬다.

 예열된 웍에 손질한 닭을 올리고 소금 3꼬집을 뿌린 뒤, 강불로 4~5분 굽는다.
● 껍질 부분이 아래로 가게 올려주세요.

뒤적이지 말고 그대로 구워주세요.

 닭에서 기름이 나오면 닭을 뒤집고, 베트남 고추를 넣어 1~2분 볶는다.

 진간장 8큰술을 넣어 바르르 끓이고, 짜장가루 2큰술, 굴소스 2큰술, 설탕 3큰술을 넣어 볶는다.

감자는 웍 가장자리에 빙 둘러 넣으면 잘 부서지지 않습니다.

 파, 양파, 다진 마늘 1큰술, 다진 생강 ½큰술을 넣어 볶는다.

 양파의 숨이 죽으면 물 800ml, 식초 1큰술, 후추 20바퀴를 넣어 끓인다.

 물이 끓으면 감자를 넣고 뚜껑을 덮어 중불로 15분 끓인다.

 뚜껑을 열어 강불로 5분 졸인다.
● 취향에 따라 국물 농도를 맞춰주세요.

웍을 통째로 잘 기울이면 감자 모양이 흐트러지지 않고 예쁘게 담을 수 있어요.

 당면, 물 100ml를 넣고 3~4분 강불로 끓인다.

9 그릇에 담고 고춧가루를 뿌리면 완성!

고추장 버터 등갈비

해외에서 시작된 고추장 버터 열풍. 고추장 버터를 응용해 어떤 요리를 할 수 있을지 긴 고민 끝에 나온 레시피예요.
스탠퍼드 학생들과의 요리 수업 때는 미국의 고기 정형 방식이 우리나라와 달라
등갈비 손질이 힘들어 접근성이 쉬운 닭으로 바꿨었지요.

재료

등갈비 1kg, 소금 3꼬집,
진간장 4큰술, 설탕 4큰술,
고추장 듬뿍 4큰술,
고춧가루 2큰술, 케첩 1큰술,
식초 1큰술, 버터 20g,
다진 마늘 1큰술, 대파 1대,
양파 1개, 물 600ml,
후추 20바퀴, 청양고추 2개

준비

손질 시에는 칼을 뼈에 바짝 붙여서 잘라주세요.

- 등갈비의 근막을 제거한 뒤 1대씩 썰고 물에 세척한다.
- 대파는 송송 썬다. • 양파는 얇게 채썬다. • 청양고추는 송송 썬다.

만드는 법

예열된 팬에 등갈비를 올린 후,
소금 3꼬집을 뿌려 강불로 3분
굽는다.
- 고기에 기름이 없을 경우,
식용유를 1바퀴 둘러주세요.

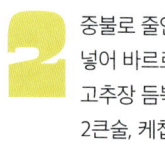 중불로 줄인 후 진간장 4큰술을 넣어 바르르 끓이고, 설탕 4큰술, 고추장 듬뿍 4큰술, 고춧가루 2큰술, 케첩 1큰술, 식초 1큰술을 넣어 섞는다.

다진 마늘 1큰술, 양파와 파를 넣어 볶는다.

 양파의 숨이 죽으면 물 600ml를 넣고 끓으면 뚜껑을 덮어 약불로 40분 졸인다.

갈비가 자작하게 잠길 정도로 물을 넣어주세요.

간이 세면 물을 소주잔 1잔 추가해주세요.

 국물이 걸쭉해지면 약불로 줄이고 버터 20g, 후추 20바퀴를 넣는다.

 등갈비를 그릇에 담고 송송 썬 청양고추를 뿌리면 완성!
● 간을 보고 싱거우면 강불에서 조금 더 졸여주세요.

고추장 버터 리소토

재료
고추장 버터 등갈비 양념 적당량,
밥 2공기, 모차렐라 치즈 150g

만드는 법

 예열한 팬에 고추장 버터 등갈비 양념과 밥을 넣어 섞는다.

 모차렐라 치즈를 뿌리고 뚜껑을 덮어 약불로 녹인다.
● 간이 약할 경우, 소금 1꼬집을 더하면 됩니다.

만 원 반반치킨

기름에, 튀김옷에, 닭 염지까지…. 어쩌면 치킨은 사 먹는 것이 정답일지도 모르겠네요. 하지만 요리에 진심이라면 치킨은 꼭 한번 도전해보세요. 아이가 있는 집이라면 반드시요. 집에서 갓 튀긴 치킨의 맛은 먹어본 사람만 아니까요. 아이들에게 최고의 아빠가 되는 보람은 덤입니다.

양배추 샐러드와 곁들여 먹으면 더욱 맛있습니다. 드레싱은 마요네즈와 케첩을 3:1의 비율로 섞어주세요.

프라이드치킨

재료 닭봉 1kg, 카레가루 7큰술, 우유 200ml, 튀김가루 2컵, 후추 20바퀴, 식용유 1.5L

준비

- 닭봉을 흐르는 물에 씻는다.
- 지퍼백에 닭봉, 카레가루 3큰술, 우유 200ml를 넣어 버무린 뒤, 냉장고에서 2시간 이상 재운다.

- 볼에 튀김가루 2컵, 카레가루 4큰술, 후추 20바퀴를 넣고 섞는다.

만드는 법

1 재워둔 닭봉을 젓가락으로 하나씩 건져내, 튀김가루에 넣고 잘 버무려 30분 둔다.

튀김옷이 분리될 수 있으니, 처음 1~2분은 건드리지 말아주세요.

2 냄비에 식용유를 붓고 강불로 예열한다.
● 닭봉이 충분히 잠길 사이즈의 냄비를 사용해주세요. 24cm 스테인리스 냄비를 추천합니다.

3 기름 온도가 180도가 되면 닭봉 절반을 넣은 뒤, 중약불로 줄여 6분 튀긴다.
● 튀김옷을 기름에 조금 떨어뜨렸을 때 3초 뒤에 떠오르면 약 180도입니다.
● 닭 끝부분만 살짝 담근 채 흔들며 넣어야 바닥에 달라붙지 않습니다.

4 강불로 올려 2분 더 튀긴 후 건져내 철망 위에 올려 기름을 뺀다.
● 튀김옷이 황금빛이 될 때까지 색을 확인하며 튀겨주세요.

5 나머지 절반도 튀긴 뒤 건져낸다.
● 위와 동일한 방식으로 튀겨주세요.
● 기름에 남은 잔여물을 걸러낸 뒤 튀기면 더욱 좋습니다.

깔끔하게!

양념치킨

재료 **양념치킨 소스** 다진 마늘 1큰술, 다진 생강 ½큰술, 튀김가루 ½큰술, 설탕 4큰술, 진간장 1큰술, 케첩 2큰술, 고추장 1큰술, 물 100ml 통깨 1큰술, 식용유 1큰술
● 식용유는 닭을 튀긴 기름 그대로 사용해도 좋습니다.

만드는 법

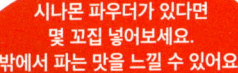
시나몬 파우더가 있다면 몇 꼬집 넣어보세요. 밖에서 파는 맛을 느낄 수 있어요.

1 팬에 '양념치킨 소스' 분량의 재료와 식용유 1큰술을 모두 넣어 잘 저어가며 강불로 끓인다.

2 끓으면 약불로 줄이고 30초 더 졸이면 양념치킨 소스 완성!
● 색이 진해지고, 나무 주걱으로 팬 바닥을 긁었을 때 길이 생길 때까지 졸여주세요.

3 프라이드치킨에 양념 소스를 묻히고, 통깨를 뿌리면 양념치킨이 됩니다.

오징어 회무침과 천 원 깻잎전

대구로 촬영을 다녀온 아내가 오징어 회무침을 사 오더니 〈편스토랑〉에서 소개해보라는 미션을 주었습니다.
짜지 않으면서도 삼삼한 그 맛을 집에서 즐길 수 있도록 최선을 다해 만들었어요.
깻잎전과 함께라면 집들이 요리로도 최고입니다. 그냥 생깻잎과도 아주 잘 어울려요.

오징어 회무침

재료 냉동 손질오징어 2마리, 무 초록 부분 ½개, 미나리 1단,
식초 5큰술, 설탕 2큰술, 맛소금 3꼬집, 통깨 2큰술, 물 50ml
오징어 회무침 양념 고춧가루 4큰술, 설탕 4큰술, 참기름 4큰술, 간장 3큰술,
식초 3큰술, 고추장 2큰술, 무절임 채수 2큰술, 케첩 1큰술, 까나리액젓 1큰술

준비

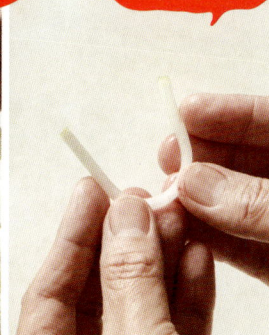

15분이 지나면 한 번 뒤집어 골고루 절여주세요.

무가 부드럽게 잘 휘어질 때까지!

- 무를 채썬다.
- 볼에 채썬 무, 식초 5큰술, 설탕 2큰술, 맛소금 3꼬집을 넣고 섞은 뒤 냉장고에 30분 이상 두어 '무절임'을 만든다.
- 미나리는 줄기를 3~4cm 길이로 썬다.
- 볼에 '오징어 회무침 양념' 분량의 재료를 모두 넣고 섞어 양념장을 만든다.

양념장을 먼저 만들어두어야 고춧가루가 잘 풀어져 맛이 어우러져요.

만드는 법

1 냉동 손질오징어를 물로 씻고 반 가른 뒤 얇게 썬다.
- 껍질을 위로 향하게 두고 썰면 더욱 쉽게 썰립니다.

 뜨겁게 달군 팬에 손질한 오징어와 물 50ml를 넣고 뚜껑을 덮어 1분 익힌 후 찬물에 헹군다.

 새로운 볼에 무절임, 삶은 오징어, 미나리 줄기, 양념장 7큰술, 통깨를 넣고 버무린다.
● 취향에 따라 양념장 분량을 조절해주세요.

깻잎전에 올려 먹으면 더욱 맛있습니다.

깻잎전

재료
깻잎 10장, 부침가루 1컵, 찬물 1컵+2큰술, 소금 3꼬집, 식용유

준비
- 깻잎을 물로 씻고 물기를 닦는다.
  물기를 꼼꼼하게 제거해야 반죽이 분리되지 않습니다.

만드는 법

플레인 요거트의 농도로 맞춰주세요.

깻잎이 잠길 정도로 기름을 넉넉하게 두르세요.

깻잎 꼭지 부분을 자르지 않아야 뒤집기 쉬워요.

1 볼에 부침가루 1컵, 찬물 1컵+2큰술, 소금 3꼬집을 넣고 섞어 반죽물을 만든다.
- 포크를 사용하면 편리해요.
- 섞이지 않은 부침가루 덩어리들은 그대로 두어도 됩니다.

2 예열된 팬에 기름을 넉넉히 두르고 기름이 달궈지면 중불로 줄인다.

3 깻잎에 반죽물을 골고루 묻힌 뒤, 팬에 올려 튀기듯 3분 굽는다.
- 튀김옷이 분리될 수 있으니 팬에 올리고 1분 30초간 뒤집지 마세요.
- 맛소금에 찍어 먹기만 해도 맛있습니다.

간장게장

국물이 짜지않아 밥과 함께 싹싹 비벼 먹기 좋은 간장게장 레시피입니다. 시판 쌍화탕을 사용해 가정에서도 간단하게 비린내를 잡고 고급스러운 맛도 살릴 수 있어요. 3일 숙성 후 알이 꽉 찬 게장을 밥에 올려 참기름까지 솔솔 뿌려 먹으면, 여기가 천국이죠.

재료 급냉 암꽃게 5마리, 대파 2대, 양파 1개, 생강 1톨, 마늘 1줌, 건고추 ½줌, 물 2L, 진간장 3컵, 참치액 6큰술, 설탕 1컵, 미림 1컵, 식초 2큰술, 쌍화탕 120ml 1병, 청고추·홍고추 각 1개, 참기름, 통깨

준비

> 배 부분을 살짝 들어 배설물을 빼내고 노란 부분을 잘 닦아주세요.

> 입 쪽이 바닥을 향하게 두어야 물이 잘 빠집니다.

- 대파는 3cm 길이로 썬다.
- 양파는 채썬다. • 생강은 편 썬다.
- 흐르는 미지근한 물에 꽃게를 솔로 문질러 씻고 물기를 뺀다.
- 게의 다리 끝부분을 자른다.

만드는 법

1 예열한 냄비에 대파와 양파, 생강, 마늘을 넣어 굽는다.

2 마늘이 갈색을 띠면서 익으면 물 2L, 진간장 3컵, 참치액 6큰술, 설탕 1컵, 미림 1컵, 식초 2큰술, 건고추를 넣어 강불로 끓인다.

3 바르르 끓으면 중불로 낮춰 5분 더 끓인 뒤 불을 끄고 식힌다.

> 그릇을 하나 올려 누름돌로 활용해보세요.

4 밀폐용기에 손질한 꽃게를 넣고, 식은 간장물, 시판 쌍화탕을 부어 섞는다.
- 간장물을 체로 걸러 건더기는 빼고 간장만 부어주세요.
- 꽃게 배가 위쪽을 향하게 두고 부어야 안까지 장이 잘 스며듭니다.

5 냉장고에서 3일 숙성시킨다.
- 5일 안에 드시는 것을 추천합니다.

6 청고추, 홍고추를 얇게 썰어 올리고, 참기름, 통깨를 뿌려 낸다.

양념게장

생물을 손질할 필요가 없어 간편하고 저렴하기까지 한 냉동 절단꽃게로 맛있는 양념게장을 만들어보세요. 단언컨대, 겉절이보다 쉬워요. 냉장고에 두고 3일 숙성한 뒤 먹으면 살이 탱글탱글 촉촉해서 가장 맛있습니다.

재료 꽃게 손질 물 150ml, 식초 4큰술
냉동 절단꽃게 1kg, 양조간장 90ml, 고춧가루 8큰술, 설탕 6큰술, 식초 2큰술, 다진 마늘 2큰술,
다진 생강 1큰술, 대파 흰 부분 ½대, 통깨

준비

> 집게는 자르지 마세요.

- 흐르는 미지근한 물에 꽃게를 솔로 문질러 씻고 다리 끝부분을 자른다.
- 볼에 물 150ml, 식초 4큰술을 넣고 섞는다.
- 대파는 다진다.

만드는 법

> 설탕이 녹을 때까지 섞어주세요.

1 꽃게에 식촛물을 붓고 잘 섞은 후 5분 재운다.

2 볼에 양조간장 90ml, 고춧가루 8큰술, 설탕 6큰술, 식초 2큰술, 다진 마늘 2큰술, 다진 생강 1큰술 그리고 통깨, 대파를 넣고 섞어 양념장을 만든다.

3 양념장에 1의 꽃게를 건져 넣어 버무리고, 반나절 이상 냉장고에서 숙성하면 완성!

- 식촛물이 들어가지 않도록 게는 한 토막씩 건져 넣어주세요.
- 먹기 전 통깨를 듬뿍 뿌리세요.
- 냉장고에서 1주일까지 보관 가능합니다.

PART 2

평생밥

기분이 좋은 날은 요리도 좋아져요.
휘리릭 만들어도 즐거운 맛에 이르지요.
속상한 날에 하는 요리는 꼭 간이 틀어진답니다.
어쩌면 요리는 연기보다도 더
깊은 감정을 요구하는 행위인 것 같아요.

평생 김밥

평생 김밥은 당근 기름이 핵심이에요!
당근을 볶을 때 기름을 넉넉하게 두르고, 당근 향이 밴 당근 기름을 달걀지단 부칠 때나 햄을 볶을 때 넣어주면
김밥의 향과 풍미가 100배! 김밥 쌀 때 당근과 달걀은 다다익선이라는 것, 잊지 마세요.

재료 흑미밥 5공기, 참기름 ½컵, 맛소금 약간, 당근 3개, 오이 2개, 불고기맛 햄, 김밥용 단무지, 김밥용 우엉, 게맛살 각 5줄, 식초 8큰술, 설탕 4큰술, 달걀 7개, 구운 김 5장, 식용유 ½컵

만드는 법

밥을 따로 덜지 않고 밥솥에서 바로 간하면 편리해요.

1. 평소 밥보다 10%가량 물을 적게 넣어 흑미밥을 지어, 참기름 ½컵, 맛소금 약간을 넣어 간을 한다.

2. 당근은 깨끗이 씻은 후 채썰어 준비한다.

3. 프라이팬에 식용유를 ½컵 두른 후 채썬 당근, 맛소금 1꼬집을 넣고 부들부들해지도록 볶는다.

4. 당근은 건져내 따로 두고, 3에서 생긴 당근 기름으로 불고기맛 햄을 볶는다.

5. 오이 2개는 슬라이서로 얇게 썰고 식초 8큰술, 설탕 4큰술을 넣고 맛소금 1꼬집을 넣어 무친다.

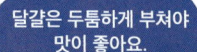
달걀은 두툼하게 부쳐야 맛이 좋아요.

6 달걀은 볼에 깨뜨려 맛소금 3꼬집을 넣고 푼 뒤, 달군 기름을 두른 프라이팬에 붓고 뚜껑을 덮어 약불로 찌듯이 익혀 김밥에 넣기 좋은 크기로 자른다.

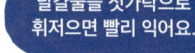
달걀물을 젓가락으로 휘저으면 빨리 익어요.

7 우엉과 단무지는 물기를 제거하고, 게맛살은 길게 2등분한다.
● 단무지는 미리 건져내 물기를 제거해두어야 질척한 김밥이 되지 않아요.

8 도마 위에 김발을 깔고 구운 김을 가로 방향으로 올린다.
● 김은 매끄러운 면이 바깥으로 가도록 놓고, 거친 면 위에 재료를 올려주세요.

9 1의 밥을 150g 정도 올려 넓게 펴준 후, 달걀, 우엉, 당근, 오이, 햄, 단무지, 게맛살을 넣고 꾹꾹 눌러가며 돌돌 말아준다.

밥을 돌돌 뭉쳐 테니스 공 크기로 만들면 150g이 돼요.

 뒤로 당겨 꼭 눌러준다.

 김 끄트머리에 물을 조금 발라 끝까지 말면 완성!

12 적당한 두께로 썰어서 맛있게 먹는다.

> 젖은 행주로 칼날을 닦아가며 썰면 터지지 않고 잘 잘려요.

평생 김치볶음밥

시판 김치도 냉장고에 넣어두고 3~4주 정도 익혀 먹으면
할머니가 담근 김치의 깊은 맛이 난다는 사실 아셨나요?
잘 익은 김치와 김치 국물 그리고 액젓만 있다면
MSG 없이도 감칠맛 폭발하는 김치볶음밥을 만들 수 있습니다.

재료

잘 익은 김치 ¼포기, 김치 국물 약간, 대파 1대, 멸치액젓 2큰술, 설탕 2큰술, 밥 2공기, 달걀 3개, 김가루 적당량, 식용유

준비 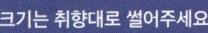 **만드는 법**

- 냉장고에서 3~4주 익은 김치를 꺼내 잘게 자른다.
- 대파는 반으로 가른 뒤 잘게 다진다.

1 팬에 식용유를 넉넉하게 2바퀴 두른 후, 다진 파를 넣고 볶아 파기름을 낸다.

 파를 한쪽으로 몰고 멸치액젓 2큰술, 설탕 2큰술을 넣고 바르르 끓인 뒤, 김치를 넣고 뭉근하게 볶는다.
- 약불로 두고 김치가 타지 않도록 주의하세요.

  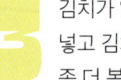 **3** 김치가 알맞게 볶아지면, 밥을 넣고 김치 국물을 자작하게 부어 좀 더 볶는다.
- 국자로 밥알을 풀어가며 볶으세요.

 4 김치볶음밥을 프라이팬 한쪽에 몰아놓은 다음, 식용유를 적당히 두르고 달걀을 깨뜨려 넣는다.

  **5** 김치볶음밥 위에 김가루를 뿌려 마무리하면 완성!

달걀볶음밥

최소한의 재료로 감칠맛 폭발하는 초간단 볶음밥입니다.
새우가 있다면 더욱 좋지만, 달걀만으로도 휘리릭 뚝딱 간편하게 한 끼 해결할 수 있답니다.
아이들 입맛에도 그만이에요!

재료
다진 마늘 ½큰술, 대파 ½대,
즉석밥 2개, 달걀 3개, ,
설탕 1큰술, 멸치액젓 2큰술,
소금 1꼬집,
식용유, 참기름, 통깨

준비
- 대파는 잘게 다진다.

만드는 법

1 중약불로 달군 팬에 식용유를 넉넉하게 2바퀴 두르고, 다진 마늘을 넣고 볶는다.
- 팬을 한쪽으로 기울이면 빨리 익습니다.

> 마늘이 타면 쓴맛이 날 수 있으니 주의하세요.

 마늘이 노릇해지기 시작하면 대파를 넣고 볶는다.

 대파가 투명해지면 설탕 1큰술, 멸치액젓 2큰술을 넣고 액젓 향이 날아갈 때까지 20초 볶는다.

반드시 액젓 향을 날리고 밥을 넣어야 합니다.

 즉석밥을 데우지 않고 그대로 넣어 강불에서 볶은 뒤, 어느 정도 풀어지면 중불로 줄이고 밥을 팬 한쪽으로 몰아둔다.
● 즉석밥은 데우지 않고 바로 넣어야 잘 볶아집니다.

 팬 한쪽에 식용유 1바퀴를 두르고 달걀을 깨서 넣는다.

 달걀을 스크램블하듯 볶은 뒤, 소금 1꼬집을 뿌린다.

 오목한 밥그릇에 달걀 스크램블을 먼저 담고, 그 위에 볶음밥을 담아 모양을 잡고 접시로 덮은 뒤 뒤집는다.

 완성된 달걀볶음밥에 참기름과 통깨를 약간 뿌려 마무리한다.

매콤 게살볶음밥

평범한 볶음밥이 질렸을 때, 동남아 볶음밥 나시고랭처럼 즐기는 이색 볶음밥 어떠세요?
케첩이 들어가 새콤달콤하고 살짝 매콤한 맛이 킥이 되어 아이들에게도 인기 만점이에요.
달걀프라이 대신 구름 같은 스크램블 에그를 만들어 올리면 비주얼도 화산처럼 폭발합니다!
케첩으로 흘러내리는 용암을 표현해보세요. 아이도 어른도 즐거운 식사 시간이 될 거예요.

재료

즉석밥 1개, 대파 ½대, 게맛살 4개, 고춧가루 1큰술,
케첩 1큰술, 굴소스 1큰술, 식용유

준비

- 대파는 잘게 다져서 4큰술 준비한다.
  대파의 초록색 부분을 넣으면 더 맛있어 보입니다.
- 게맛살은 잘게 찢는다.
- 즉석밥은 뚜껑을 완전히 뜯어내고 전자레인지에 1분 돌린 뒤 식힌다.
  뚜껑을 벗기고 데우면 수분이 날아가서 밥이 고슬고슬해집니다.

만드는 법

대파를 먼저 넣은 뒤 식용유를 두르면 기름이 튀지 않습니다.

1 예열한 프라이팬에 다진 대파를 넣고 식용유 1바퀴를 두른 뒤, 중불에서 볶아 파기름을 낸다.
- 강불에서는 대파가 탈 수 있어요.

2 게맛살을 넣고 대파가 노릇하게 익을 때까지 볶는다.

> 고춧가루가 타지 않도록 잔열로만 볶아주세요.

3 불을 끈 뒤 고춧가루 1큰술을 넣고 볶아 고추기름을 낸다.

4 케첩 1큰술, 굴소스 1큰술을 넣고 중불로 조금 더 볶는다.

5 밥을 넣고 골고루 볶은 후, 오목한 밥그릇에 담아 모양을 내고, 접시로 덮어 뒤집는다.

6 볶음밥 위에 '달걀 구름'을 얹으면 완성!
● 달걀프라이로 대신해도 물론 괜찮아요.

달걀 구름

재료 달걀 2개, 마요네즈 듬뿍 2큰술, 설탕 ½큰술, 식용유

만드는 법

> 불을 켜고 달걀을 바로 넣어 뭉치지 않게 휘저어주세요.

> 몽글몽글 촉촉한 질감이 포인트!

1 팬에 식용유를 적당히 두르고 달걀을 넣어 중불에서 20초 마구 휘젓는다.

2 달걀이 촉촉할 때 불을 끄고 잘게 부수며 잔열로 익힌다.

3 마요네즈 듬뿍 2큰술, 설탕 ½큰술을 넣고 잘 섞는다.

스팸 덮밥

집에 먹다 남은 스팸이 있을 때 간단히 한 끼 때우기 좋아요.
조리는 역대급 간단하지만, 머리를 땅 때리는 강렬함이 있답니다.
아이와 어른, 남녀노소 누구나 좋아할 호불호 없는 그런 맛!
이 레시피에 케첩을 더해 스팸 케첩 파스타도 만들 수 있으니,
스팸 1캔으로 두 가지 요리를 즐기세요.

재료	스팸 100g, 밥 1공기, 다진 마늘 1큰술, 양파 ½개, 설탕 1큰술, 간장 2큰술, 식용유 2바퀴, 달걀노른자 1개, 김가루 약간
준비	● 스팸은 칼등으로 눌러 으깬다. ● 양파는 잘게 다진다.

만드는 법

1 달군 팬에 식용유를 2바퀴 두르고, 으깬 스팸을 넣어 꼬들꼬들하게 볶는다.
● 최대한 꼬들하게 볶아야 햄 특유의 잡내를 제거할 수 있습니다.

2 스팸이 노릇해지면 다진 마늘 1큰술, 다진 양파를 넣고 중불에서 볶는다.

3 양파가 투명해지면 설탕 1큰술 넣는다.
● 양파를 볶을 때 설탕을 넣으면 캐러멜라이징이 더 잘됩니다.

4 팬 가장자리에 간장 2큰술을 넣고 중불에서 태우듯이 끓인 뒤 잘 섞는다.

5 그릇에 밥을 담고 4의 스팸볶음을 얹은 뒤, 달걀노른자, 김가루를 올려 마무리한다.
● 취향에 따라 달걀노른자 대신 달걀프라이를 올려도 좋아요.

10분 리소토

고기 한 점 없이도 풍미가 살아 있는 초간단 리소토입니다.
생크림이 없어도 치즈와 참치액만 있다면 레스토랑에서 먹는 근사한 맛을 가정에서 낼 수 있어요.
이연복 선생님이 알려주신 팁! 즉석밥의 뚜껑을 완전히 벗긴 후
전자레인지에 돌리는 것도 잊지 마세요! 고슬고슬한 밥알의 식감이 먹어도 먹어도 질리지 않습니다.

재료

즉석밥 1개, 양송이버섯 3개, 마늘 2쪽,
양파 ¼개, 슬라이스 체더치즈 1장,
버터 40g, 우유 200ml, 물 50ml,
참치액 ⅕큰술, 소금 1꼬집,
달걀노른자 1개, 후추

준비

- 양송이버섯, 마늘은 얇게 편 썬다.
- 양파는 잘게 다진다.
- 즉석밥은 뚜껑을 완전히 뜯어내고 전자레인지에 2분 돌린 뒤 한 김 식힌다.

만드는 법

1 팬에 버터 40g과 손질한 양송이버섯, 마늘, 양파를 넣고, 소금을 뿌려 약불에서 볶는다.

2 양파, 마늘이 노릇노릇해지면 물 50ml, 우유 200ml, 슬라이스 체더치즈 1장을 넣고 중불로 올려 끓인다.

3 치즈가 녹으면 참치액 ⅕큰술을 넣고 중약불에서 끓인다.

4 걸쭉하게 소스화가 되면 약불로 줄이고, 즉석밥을 넣어 30~40초 잘 섞은 뒤 불을 끈다.

5 그릇에 리소토를 담고 후추를 넉넉히 뿌린 뒤, 달걀노른자를 올려 마무리한다.

- 달걀노른자 대신 화이트 트러플오일이 있다면 8방울 정도 뿌려도 맛있습니다. 트러플오일은 시중에 저렴한 제품도 많이 있으니, 하나 장만해두면 우리 집이 바로 레스토랑!

> 주걱으로 바닥을 긁었을 때 길이 생기면 충분히 소스화가 된 것입니다.

10분 달걀덮밥

지금 당장 배고픈데 냉장고에 그럴싸한 재료가 없다?
그럴 때 달걀과 밥, 양파만 있다면 간단하고 빠르게 한 끼 해결할 수 있는 10분 달걀덮밥입니다.
닭고기를 넣고 함께 끓이면 오야코돈, 덮밥 위에 돈가스를 올리면 가츠돈이 되니
선호에 따라 다양한 요리로 응용해보세요!

재료

달걀 2개, 양파 1개, 간장 1큰술, 참치액 1큰술, 설탕 ½큰술, 소금 2꼬집, 물 150ml, 즉석밥 1개, 식용유

준비

- 양파는 얇게 채썬다.
- 달걀은 가볍게 풀어 준비한다.

> 흰자와 노른자가 적당히 살아 있게 대충 풀어주세요.

만드는 법

> 액젓을 바꾸면 다른 요리가 되니 꼭 참치액을 사용하세요.

1 약불에 달군 팬에 식용유 4바퀴를 두르고 채썬 양파를 넣은 뒤, 소금 2꼬집을 뿌려 부드럽게 익힌다.

2 양파가 노릇노릇해지면 간장 1큰술, 참치액 1큰술, 설탕 ½큰술, 물 150ml를 넣고 강불에서 2분 끓인다.

3 풀어둔 달걀물을 넣고 어느 정도 익으면 뚜껑을 덮은 뒤 불을 끄고 잔열로 1분 익힌다.
- 달걀은 취향껏 익히면 됩니다.

4 그릇에 밥을 담고 3을 얹어 마무리한다.

어남선생 파에야

연인을 집에 초대했을 때 멋스럽게 대접하기 좋은 메뉴입니다.
파에야(paella)의 어원은 프라이팬을 뜻하는 라틴어 'patella'에서 왔다는데,
스페인에서는 '그녀를 위해(para ella)'라는 뜻으로 주로 남자가 여자에게
해주는 요리라는 설도 있어요! 그러니 특별한 날 건바질도 좋지만, 기왕이면
생바질을 준비해 예쁘게 올려 비주얼과 분위기도 살려보면 어떨까요?

파에야는 비비지 않고, 그대로 떠 먹는 것이 좋습니다.

재료

양파 ½개, 마늘 5쪽,
오징어 1마리,
냉동새우 10마리,
엑스트라 버진 올리브유 ¼컵,
페퍼론치노 10개,
홀 토마토 400g 1캔,
생쌀 1+½컵, 물 1L,
치킨 파우더 1작은술,
바질 1줌, 소금, 후추

준비

- 양파는 잘게 다진다.   ● 마늘은 편 썬다.   ● 오징어는 칼집을 낸 후 한입 크기로 썬다.
- 냉동새우는 물에 한 번 씻은 뒤, 체에 밭쳐 물기를 제거한다.

만드는 법

1 프라이팬을 중불에 달군 후 엑스트라 버진 올리브유 ¼컵을 붓고, 다진 양파와 편 썬 마늘을 넣어 기름을 낸다.

2 소금 1꼬집을 넣고 뒤적이며 양파와 마늘이 노릇노릇해질 때까지 볶는다.

3 고소한 향이 올라오면 손질한 오징어, 페퍼론치노를 넣고 볶는다.

매콤한 향이 올라오면 가위로 잘게 자른 홀 토마토를 넣는다.
● 토마토는 밥알과 잘 어우러지도록 가능하면 잘게 자르세요.

> 홀 토마토 캔을 개봉한 뒤 캔 안에서 가위로 잘라주는 것이 좋습니다.

5 소금 ½작은술을 뿌리고 뒤적인 후, 생쌀을 넣는다.

> 뒤적이지 않고 그대로 끓여주세요.

> 눌어붙지 않도록 한번씩 섞어주세요.

 물 1L, 치킨 파우더 1작은술을 넣고 저은 뒤, 강불에 12분 끓인다.
● 물 1L는 홀 토마토 캔 2.5개 분량입니다. 토마토 캔을 이용하면 계량이 편리해요.

 국물이 자작해져 장작 타는 소리가 나면 중불로 줄인다.

 새우를 얹은 후 뚜껑을 덮고 가장 약불에서 10분 뜸 들인다.

 뚜껑을 열고 2분 더 끓여 수분을 날린 뒤, 불을 끈다. 뚜껑을 덮고 남은 열로 2분 더 뜸 들인다.

10 마지막 뜸이 다 들었으면 바질을 얹고, 후추를 갈아 올리면 완성!

● 완성된 파에야 위에 엑스트라 버진 올리브유를 뿌려 먹어도 좋습니다.

> 한국인의 입맛에 맞춘 부드러운 식감의 파에야 완성!

에그 전복죽

아플 때 죽을 먹으면 왜인지 속이 편하고 기운이 나죠?
아픈 사람을 생각하며 정성껏 죽을 끓이는 사람의 애정이 죽에 우러나기 때문이랍니다.
거기에 수란까지 톡톡 올려 먹으면 단백질도 챙기고, 마치 에그인헬처럼 색다르게 즐길 수 있어요.

재료

전복 3개, 참기름 5바퀴, 생쌀 2컵,
까나리액젓 3큰술, 물 2L, 맛술 3큰술, 달걀 4개,
소금, 통깨

- 까나리액젓 대신 멸치액젓이나 참치액을 사용해도 무방해요.
- 달걀은 미리 꺼내 실온에 두세요.

준비

- 생쌀은 물에 담가 불린다.
- 전복은 솔로 깨끗하게 세척해 회처럼 얇게 썬다.
  껍데기는 숟가락을 이용해 분리해주세요. 잘되지 않을 때는 팬을 약불에 올려 물 약간 붓고 전복을 넣어 30초만 끓여보세요. 더 쉽게 분리할 수 있답니다.
- 전복 내장은 따로 빼두었다가 잘게 다진다.

소화기관과 모래주머니를 반드시 제거해주세요.

1 웍을 약불에 올린 후, 전복, 참기름 3바퀴, 소금 3꼬집을 넣고 볶는다.

2 불린 쌀을 넣고 달달 볶는다.

3 잘게 다진 전복 내장을 넣은 후, 진한 녹색이 되도록 약불에 볶는다.

4 까나리액젓 3큰술을 넣고 볶은 후, 물 1L를 붓는다.

5 맛술 3큰술을 넣은 후, 강불에 팔팔 끓인다.

 어느 정도 소스화가 됐을 때 물 1L를 추가로 넣고, 뚜껑을 열어둔 채로 중불에 졸인다.

7 쌀이 부드럽게 익으면 참기름 2바퀴를 뿌린다.

8 전복죽 위에 달걀을 깨뜨려 올린 후, 노른자 위에 소금 ½꼬집씩 뿌리고 뚜껑을 덮어 5분 익힌다.

 달걀이 반숙으로 익으면 그릇에 옮겨 담고, 통깨를 뿌려 마무리한다.
● 기호에 따라 김가루를 뿌려 먹어도 맛있어요.

무수분 마늘 카레

여름에 시원한 맥주 한 잔과 카레! 카맥 어떠세요?
감자나 당근 없이도 집에 남아 있는 마늘과 양배추로 간단하게 만들 수 있습니다.
국물 없이 드라이하게 마치 간짜장처럼 즐기는 든든한 식사 겸 안주랍니다.

재료 구이용 삼겹살 300g, 고체 카레 2조각, 양배추 ¼통, 마늘 1공기, 소금 3꼬집, 간장 1큰술, 미림 2큰술, 물 ½컵, 청양고추 1개, 달걀노른자 1개
● 고체 카레가 없다면 가루 카레 4큰술로 대체해도 되지만, 고체 카레의 풍미가 좀 더 좋아요.

준비

포크를 사용하면 잘 섞입니다.

● 구이용 삼겹살은 큼직하게 썰고 소금 3꼬집을 뿌려 밑간한다. ● 양배추는 잘게 썬다. ● 청양고추는 반으로 가른 후 잘게 썬다.
● 고체 카레를 칼로 썬 뒤 뜨거운 물 ½컵을 조금씩 부어가며 갠다.

만드는 법

고기는 자주 뒤적이지 마세요.

1 중불에 달군 팬에 삼겹살을 올리고 고기 표면이 노릇해질 때까지 굽는다.

2 마늘을 넣고 기름에 튀기듯이 5분 익힌다.

3 팬 가장자리에 간장 1큰술을 넣고 기름에 튀기듯이 끓인 후, 미림 2큰술을 넣고 잘 볶는다.

4 잘게 썬 양배추를 넣고 잠시 볶은 후, 뚜껑을 덮어 약불로 20분 익힌다.

5 카레물을 붓고 섞은 뒤, 뚜껑을 덮어 뜸 들이듯 5분 익힌다.

6 그릇에 밥과 카레를 담고 청양고추를 취향껏 올린 뒤, 달걀노른자를 올려 마무리한다.
● 기호에 따라 후추를 더해도 좋아요.

물을 추가하지 말고 양배추 수분으로만 익히세요.

PART 3

평생면

요리는 장을 보는 것으로부터 시작됩니다.
세상의 그 어떤 조리법도 신선한 재료를 이길 순 없어요.
가끔은 전통시장에 들러 저렴하고도 신선한 제철 재료를 만나보세요.
건강도 맛도 모두 챙길 수 있는 것은 물론이고,
그날 저녁 식탁의 깊이가 달라진답니다.

원 팬 토마토 버터 파스타

기본 중의 기본 파스타라고 할 수 있는 이 '원 팬 토마토 버터 파스타'는 아내가 임신했을 때 신 음식이 먹고 싶다고 해서 만들었어요. 지금도 아내는 제가 만들어준 요리 중 가장 기억에 남는 것 중 하나가 바로 이 토마토 버터 파스타라고 해요. 정말 간소한 재료지만 홀 토마토 캔만 있다면 밖에서 사 먹는 4만 5천 원짜리 파스타의 비주얼과 맛을 완성할 수 있으니 꼭 한번 만들어보세요!

재료 홀 토마토 400g 1캔, 물 600ml, 간장 1큰술, 소금 ½큰술, 설탕 1큰술, 스파게티 면 1인분, 버터 20g, 마늘 1쪽, 후추
● 스파게티 면 1인분은 100원짜리 동전 크기 정도입니다.

만드는 법

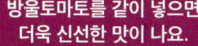
방울토마토를 같이 넣으면 더욱 신선한 맛이 나요.

 홀 토마토를 가위로 숭덩숭덩 썬다.
● 홀 토마토 캔을 개봉한 뒤 캔 안에서 잘라주는 것이 좋습니다.

 프라이팬을 강불로 달군 후, 홀 토마토, 물 600ml를 넣는다.
● 물 600ml는 토마토 캔 1+½개 분량이에요. 토마토 캔을 이용하면 계량이 편리해요.

 간장 1큰술, 소금 ½큰술, 설탕 1큰술을 넣고 섞는다.

소스가 끓으면 스파게티 면, 버터 20g을 넣고 강불에 10분 졸인다.
● 면 위에 버터를 올리고, 잘 섞이도록 프라이팬을 흔들어 유화시켜주세요.
● 주걱으로 바닥을 긁었을 때 길이 생길 때까지 졸여주세요.

 10분 후 불을 끈 뒤, 마늘과 후추를 갈아 넣는다.

다시 프라이팬을 약불에 올려 골고루 섞어 완성한다.
● 파르미지아노 레지아노 치즈가 있다면 곁들여주세요.
● 바질 페스토나 다진 바질과도 잘 어울려요.

마늘은 마지막에 넣어야 풍미가 올라가요.

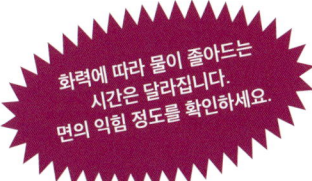
화력에 따라 물이 졸아드는 시간은 달라집니다. 면의 익힘 정도를 확인하세요.

차돌볶음 파스타

양식? 중식? 한식?
모든 요리 장르를 막론하고 그냥 맛있어서 야식으로 강력 추천하는 차돌볶음 파스타입니다.
불향과 깻잎의 향긋함이 입맛을 돋우니 과식하셔도 전 책임질 수 없습니다!

재료

스파게티 면 2인분, 차돌박이 100g, 대파 2대, 굴소스 2큰술, 진간장 1큰술, 설탕 ½큰술, 다진 마늘 ½큰술, 고춧가루 1큰술, 후추 10바퀴, 깻잎 5장, 청양고추 3개, 굵은 소금 듬뿍 1큰술, 물 3L, 식용유
- 스파게티 면 2인분은 500원 동전 크기 정도입니다.

준비

면수는 버리지 마세요.

- 끓는 물에 굵은 소금 듬뿍 1큰술을 넣고 스파게티 면이 푹 익을 때까지 삶는다.
  스파게티 면 포장지에 적힌 시간대로 삶으면 됩니다.
- 대파는 세로로 반 가르고 5cm 길이로 썬다.
- 깻잎은 돌돌 말아 얇게 채썬다.
- 청양고추는 송송 썬다.

만드는 법

뒤적이지 말고 파가 거뭇거뭇해질 때까지 그대로 두세요.

이때부터는 타지 않게 계속 뒤적여주세요.

 강불로 예열한 마른 팬에 파를 깔고 2분 굽는다.

 파의 수분이 날아가면 식용유 2바퀴를 두르고, 강불로 볶아 파기름을 낸다.

 팬 가장자리에 굴소스 2큰술, 진간장 1큰술을 넣어 바르르 끓인 뒤, 파와 함께 볶는다.

고춧가루가 탈 수 있으니 불을 끄고 잔열로 볶아주세요.

 중불로 줄이고 차돌박이, 설탕 ½큰술, 다진 마늘 ½큰술을 넣어 1분 30초 볶는다.

5 고기의 붉은기가 사라지고 기름이 나오면 불을 끄고 고춧가루 1큰술을 넣어 고추기름을 낸다.

면과 양념이 잘 섞이지 않거나 간이 세면 면수를 추가해주세요.

6 삶아둔 스파게티 면을 넣고 면수 1국자와 함께 섞는다.

7 강불로 졸이면서 면이 반질반질해질 때까지 볶다가, 후추를 10바퀴 뿌려 마무리한다.

 그릇에 옮겨 담고 깻잎과 청양고추를 얹으면 완성!

스팸 케첩 파스타

앞서 소개한 스팸 덮밥에서 케첩을 더해 응용했습니다.
요리 시간이 먹는 시간보다 짧아요.
정말 간단해서 요리 초보들에게 추천하는 나폴리탄 파스타의 어남선생 버전입니다.
너무 쉬운데 너무 맛있어서 열 번도 더 만들어 먹었다는 후기가 쏟아졌던 레시피예요.

재료　스팸 100g, 스파게티 면 1인분, 다진 마늘 1큰술, 양파 ½개, 설탕 1큰술, 간장 6큰술, 케첩 5큰술, 식초 1큰술, 식용유 3바퀴, 물 2L, 후추

준비

- 끓는 물 2L에 간장 4큰술을 넣고, 스파게티 면 1인분을 넣어 삶는다. • 양파는 다진다. • 스팸은 칼등으로 눌러 으깬다.
  스파게티 면 1인분은 100원 동전 크기 정도입니다.

만드는 법

1 중불로 달군 팬에 식용유 3바퀴를 두르고, 으깬 스팸을 넣어 꼬들꼬들하게 볶는다.

2 스팸이 노릇해지면 불을 줄이고 다진 마늘 1큰술, 다진 양파를 넣고 다시 중불에서 볶는다.

3 양파가 투명해지면 불을 줄이고 설탕 1큰술을 넣고 볶은 뒤, 팬 가장자리에 간장 2큰술을 넣고 다시 중불로 올려 태우듯이 끓이고 잘 섞는다.

4 케첩 4큰술을 넣고 잘 섞는다.

5 4의 소스에 스파게티 면, 면수 1컵을 넣어 볶은 뒤, 식초 1큰술을 넣고 잘 섞는다.

6 소스가 자작해지면 불을 끄고 케첩 1큰술을 더 넣고 섞은 뒤, 후추를 넉넉하게 뿌려 마무리한다.

요리는 꽤나 이타적인 행위예요.

본인이 먹겠다고 음식을 푸짐하게 차리는 일은 거의 없죠.
배워서 남 주는 일 중에 가장 뿌듯한 일은, 단연 '요리'입니다.

명란 버터 파스타

면 삶을 때를 제외하고는, 불도 쓰지 않고 팬도 사용하지 않는 파스타예요.
허리릭 간편하게 만들 수 있지만 입에 착 감기는 버터와 명란의 맛은 너무 사랑스럽죠.
들어간 것은 별것 없는데도 막상 한입 먹으면 눈이 번쩍 뜨여요.
불 앞에 서는 것조차 힘이 드는 날,
나를 위해 간편하고 맛있는 한 끼 포기하지 마세요.

재료

스파게티 면 2인분, 물 3L, 소금 1큰술, 명란젓 1개, 버터 40g, 마요네즈 2큰술, 달걀노른자 1개, 후추

참치액 1큰술을 추가하고 김가루를 더하면 술안주로 변신!

준비

면수는 버리지 마세요.

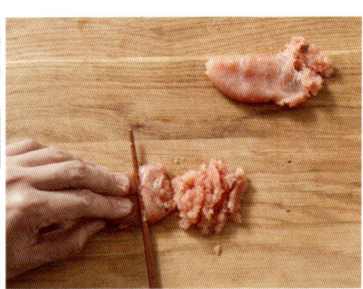

- 끓는 물 3L에 소금 1큰술을 넣고 스파게티 면 2인분을 삶는다.
  스파게티 면 2인분은 500원 동전 크기 정도입니다.
  면 삶는 시간은 제품별로 다르기 때문에 포장지에 적혀 있는 시간을 따르세요.
- 명란젓은 끝을 살짝 자르고 젓가락으로 밀어 속의 알만 준비하고 막은 버린다.

요 정도~!

만드는 법

면수는 원하는 농도에 따라 가감하면 됩니다.

면을 삶자마자 넣어야 버터가 잘 녹습니다.

 볼에 삶은 스파게티 면, 버터 40g, 명란젓 2큰술, 면수 4큰술을 넣어 버터가 전부 녹을 때까지 섞는다.
- 면수의 전분기가 어우러지며 소스처럼 됩니다.
- 명란젓은 가니시로 올릴 만큼 약간 남겨두세요.

 마요네즈 2큰술을 넣고 버무린다.

 그릇에 옮겨 담고 달걀노른자 1개, 명란젓 약간을 올린 뒤, 후추를 넉넉히 뿌려 마무리한다.

원 팬 우유 버터 파스타

라면만큼 쉬워요!
원 팬으로 10분이면 완성되는 초간단 파스타입니다.
우유, 버터, 마늘, 이 세 가지만 있으면 그럴싸한 요리가 완성되고,
게다가 설거지거리는 팬 하나라는 사실!
이게 맞나 싶을 정도로 간단하지만, 저를 믿고 꼭 한번 만들어보세요.
제가 선보인 원 팬 파스타 레시피 중 가장 많은 사랑을 받았답니다.

재료 물 500ml, 우유 300ml, 파스타 면 1인분, 버터 40g,
소금 1꼬집, 참치액 1큰술, 마늘 1쪽, 트러플오일 약간, 후추

만드는 법

> 면을 두 손으로 움켜쥐었다가 살짝 비틀어 펼쳐 넣으면 서로 붙지 않고 잘 익어요.

> 우유가 끓어 넘칠 수 있으니, 절대로 뚜껑을 덮지 마세요.

1 궁중팬에 물 500ml, 우유 300ml를 붓고, 파스타 면 1인분도 넣는다.

2 파스타 면 위에 버터 40g, 소금 1꼬집, 참치액 1큰술을 넣고, 10분 졸인다.

> 화력에 따라 졸이는 시간은 달라질 수 있어요.

3 소스가 자작해지면 불을 끄고 마늘 1쪽을 갈아 넣은 후 다시 불을 켜서 살짝 끓인다.
● 마늘 향은 휘발성이 강하니, 마지막에 넣어주세요.

4 후추와 트러플오일을 뿌리면 완성!
● 트러플오일은 생략해도 괜찮아요.

원 팬 우유 버터 봉골레

크리미한 봉골레 먹어보셨나요? 화이트와인 없이 바지락의 비린 맛을 잡으면서,
생크림 없이 버터와 우유만으로 부드러운 크림 파스타 맛을 냈습니다.
바지락에서 나오는 육수가 맛의 포인트가 되기 때문에 꼭 냉동이 아닌 생바지락을 해감해 사용하세요!

재료

바지락 500g,
미지근한 물 1L, 천일염 3큰술,
스파게티 면 1인분,
마늘 1줌, 버터 40g,
미림 3큰술, 멸치액젓 1큰술,
물 500ml, 우유 300ml,
슬라이스 체더치즈 1장,
다진 마늘 ½큰술, 맛소금 2꼬집,
후추

● 미림 대신 화이트와인을 사용하면 더욱 맛있습니다.
● 스파게티 면 1인분은 100원짜리 동전 크기 정도입니다.

준비

불순물이 빠질 때까지 30분에서 1시간은 그대로 둬야 합니다.

● 볼에 미지근한 물을 담아서 천일염과 바지락을 넣은 뒤 뚜껑을 덮고 30분 이상 둔다.

● 마늘은 편 썬다.

만드는 법

불을 켠 상태에서 바지락을 넣으면 기름이 튈 수 있으니 꼭 끄고 넣어야 합니다.

1 달군 팬에 버터 20g과 마늘을 넣고, 마늘이 노릇해질 때까지 중불에 볶는다.

2 바지락을 넣고 뒤적이며 입이 벌어질 때까지 강불에 익힌다.

3 바지락이 입을 벌리기 시작하면 미림 3큰술을 넣고 익히다가 입이 다 벌어지면 약불로 줄인 뒤, 육수는 남기고 바지락만 건져낸다.
● 바지락은 시간이 지날수록 쪼그라들기 때문에 오래 익히면 안 됩니다.

4 3의 바지락 육수에 멸치액젓 1큰술, 물 500ml, 우유 300ml를 넣고 중불에 한소끔 끓인다.

5 파스타 면을 넣고 강불에 익히다가, 10~12분 후 면이 어느 정도 익으면 약불로 줄인다.

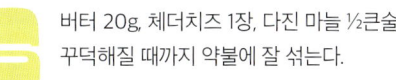

버터 20g, 체더치즈 1장, 다진 마늘 ½큰술을 넣고 꾸덕해질 때까지 약불에 잘 섞는다.

국물이 자작한 정도가 가장 맛있습니다.

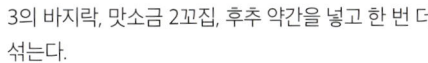

3의 바지락, 맛소금 2꼬집, 후추 약간을 넣고 한 번 더 섞는다.

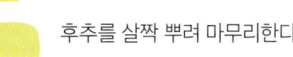

후추를 살짝 뿌려 마무리한다.

원 팬 카르보나라

면과 재료를 넣고 한꺼번에 끓여서 만들면 설거짓거리 거의 없는 간단한 한 끼 완성!
15분 만에 만들 수 있을 정도로 간단하지만 감칠맛은 폭발합니다.
탄탄한 기본의 맛으로 마늘의 풍미와 치즈의 고소함을 즐겨보세요.

재료 물 700ml, 스파게티 면 1인분, 다진 마늘 1큰술, 올리브유 3큰술, 소금 ½작은술, 페퍼론치노 3~4개, 그라나 파다노 치즈 적당량, 달걀 1개, 후추

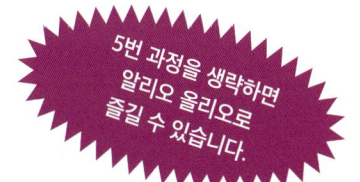
5번 과정을 생략하면 알리오 올리오로 즐길 수 있습니다.

만드는 법

1 웍에 물 700ml를 넣고 끓인 뒤, 스파게티 면을 넣는다.
● 스파게티 면 포장지에 적힌 시간대로 삶으면 됩니다.

2 다진 마늘 ½큰술, 페퍼론치노 3~4개, 올리브유 2큰술, 소금 ½작은술을 넣고 뚜껑을 연 채로 강불에 12분 졸인다.
● 뚜껑은 꼭 열고 졸여주세요. 덮으면 국물이 졸아들지 않습니다.

● 유화가 되도록 흔들어가며 섞는 것이 중요합니다.
● 피자 시켜 먹고 남은 파르메산 치즈도 괜찮아요.

3 국물이 4~5큰술 남았을 때 약불로 줄이고, 올리브유 1큰술, 다진 마늘 ½큰술을 넣는다.

4 그라나 파다노 치즈를 갈아 넣고 약불에서 치즈가 녹을 때까지 잘 섞은 뒤 바로 불을 끈다.
● 걸쭉하면서도 크림 같은 질감이 나오면 불을 꺼야 해요.

5 달걀 1개를 깨뜨려 넣고 달걀이 익기 전에 재빨리 섞는다.
● 노른자만 넣으면 더 꾸덕한 맛이 되지요.

6 후추를 갈아 뿌리고 뒤적인다.

7 접시에 옮겨 담고 그라나 파다노 치즈를 한 번 더 갈아 올리면 완성!

보일링 크랩

버터와 해산물의 조합은 설명이 필요 없죠. 마늘을 많이 넣고 브라운 버터를 만드는 것이 핵심입니다.
동남아시아나 하와이 같은 아름다운 휴양지에서 보았음직한 이색 요리지만,
라면 수프가 살짝 들어간 건 우리만 알기로 해요.
결혼기념일 같은 특별한 날, 비주얼이 폭발하는 특급 요리로 실력을 뽐내보세요.

재료

랍스터 1마리, 물 2L,
생강 ½톨, 홍합 1kg, 물 2컵,
옥수수 2개, 식용유 100ml,
버터 200g, 다진 마늘 2큰술,
페퍼론치노 1줌,
라면 수프 ½큰술,
레몬 1개, 소금

● 냉동 랍스터를 사용해도 충분해요.

준비

● 랍스터는 흐르는 물에 솔로 구석구석 깨끗이 씻는다.

● 옥수수는 4등분한다.

만드는 법

1 큰 냄비에 물 1.5L를 붓고 생강 ½톨을 넣어 팔팔 끓인다.
● 선도가 살짝 떨어지는 랍스터를 찔 때는 청주 혹은 소주를 같이 넣어주세요.

2 물이 팔팔 끓으면 스테인리스 찜기를 놓고, 랍스터를 뒤집어서 올린 뒤 뚜껑을 덮어 15분 찐다.

3 불을 끈 다음 뚜껑을 열지 말고 5분 뜸 들인다.
● 랍스터 찐 물은 버리지 마세요.

라면 수프가 없다면 치킨스톡도 괜찮아요.

버터가 갈색빛이 나도록 잘 녹여주세요.

 깨끗이 씻은 홍합을 냄비에 담고 물 2컵, 소금 ½큰술을 넣어 5~6분 끓인다.
● 홍합 삶은 물은 버리지 마세요.

5 팬에 식용유 100ml, 버터 200g, 다진 마늘 2큰술, 페퍼론치노 1줌, 라면 수프 ½큰술을 넣고 약불에 5분 끓인다.

6 잘라둔 옥수수를 넣고 소스를 옥수수 표면에 묻히듯 뒤적인다.

7 큰 접시에 4의 홍합을 깔고 홍합 삶은 물 ½컵을 붓는다.

 6의 옥수수도 보기 좋게 올린다.

9 중앙에 2의 랍스터를 올린 다음, 5의 소스를 모두 끼얹는다.

10 마지막으로 레몬 껍질을 갈아 올리면 완성!

홍합 삶은 물과 랍스터 찐 물로 파스타를 삶아 보일링 크랩에 버무려보세요. 기가 막힌 파스타가 완성됩니다.

골뱅이 소면

전복보다 단백질 함량은 높으면서 지방은 0g인 골뱅이! 다이어터나 건강을 생각하는 분에게 추천하는 골뱅이 소면입니다. 거기에다 저만의 비법인 황태채까지 넣으면 감칠맛 폭발해요.

재료
골뱅이 캔 140g짜리 1개, 소면 1인분, 대파 1대, 양파 ½개, 오이 1개, 청양고추 2개, 황태채 1줌, 식초 2큰술, 고춧가루 1큰술

어남선생 기본 초장 설탕 3큰술, 식초 3큰술, 고추장 듬뿍 2큰술, 까나리액젓 1작은술, 통깨

- 소면 1인분은 100원짜리 동전 크기 정도입니다.

준비
- 볼에 '어남선생 기본 초장' 분량의 재료를 모두 넣고 잘 섞는다.
- 대파는 파채처럼 채썰고, 양파는 얇게 채썬다.
- 오이는 사선으로 얇게 썬 뒤 채썬다.
- 청양고추는 송송 어슷썬다.

청양고추는 취향에 따라 가감하세요.

만드는 법

 골뱅이 캔에서 알맹이를 건져낸다.
● 국물은 버리지 말고 두세요.

 황태채는 새끼손가락 길이로 잘라 골뱅이 국물에 담가둔다.

 '어남선생 기본 초장'에 식초 2큰술, 고춧가루 1큰술, 골뱅이 국물 3큰술을 더하고, 황태채, 채소, 골뱅이를 넣고 잘 무친다.

● 황태채는 골뱅이 국물까지 다 넣으면 짤 수 있으므로 한 번 꾹 짜주세요.

중간중간 면이 달라붙지 않게 잘 저어주세요.

 프라이팬에 물을 넣고 끓인 뒤, 소면을 펼치듯이 넣고 중불에 2분 30초 삶는다.
● 프라이팬을 사용하면 끓어 넘치지 않으니 중간에 물을 붓지 마세요.

5 삶은 소면은 면이 미끈거리지 않도록 찬물로 씻은 뒤 체에 받쳐두었다가, 3의 골뱅이 무침에 곁들여 먹는다.

153

참간초면

'어남선생'의 첫 번째 시그니처 메뉴예요.
'참간초'는 참기름, 간장, 식초를 뜻해요. 이를 배합해 만든 참간초 소스는 마치 동양의 발사믹이라고나 할까요?
'참기름 3' '간장 3.5' '식초 2' 공식을 외워두면 여기저기 활용하기 좋아요.
저는 누들 샐러드의 느낌으로 만들었지만, 골뱅이나 닭가슴살을 취향껏 곁들이면 든든한 한 끼 식사로 손색없어요.

재료 건쌀국수 면 1인분, 적양배추 1줌, 상추 1줌, 오이 ¼개, 블랙 올리브 적당량, 양파 ¼개
참간초 소스 참기름 3큰술, 간장 3+½큰술, 식초 2큰술, 설탕 2큰술, 통깨 1큰술
● 쌀국수 면 대신 스파게티 면을 사용해도 잘 어울려요.

만드는 법

설탕이 녹을 때까지 계속 저어주는 것이 좋습니다.

1 볼에 '참간초 소스' 분량의 재료를 모두 넣고 잘 섞는다.

2 건쌀국수 면은 찬물에 담가 30분 이상 불렸다가 끓는 물에 1분 삶아 찬물에 헹궈둔다.

3 적양배추, 상추, 오이는 길게 채썰고, 올리브는 얇게 편 썬다.

4 양파는 채썰어 식촛물에 담갔다가 꺼낸다.

5 체에 밭쳐둔 쌀국수 면을 접시에 담고, 손질한 채소를 올린다.
● 방울토마토를 더해도 물론 좋아요.

기호에 따라 고춧가루를 살짝 곁들여도 맛있어요.

원 팬 삼겹 잡채

조리 전 재료와 양념을 준비해놓기만 하면, 따로따로 볶을 필요 없이 팬 하나로 완성하는 초간단 잡채를 소개합니다. 볶는 순서가 중요하니, 차근차근 따라 해보세요. 각 재료가 들어갈 때마다 소금 1꼬집! 단계별로 간을 쌓아가는 방식, 기억하세요.

재료
알배추 10장, 대파 1대, 당근 ½개,
마늘 10쪽, 생강 3g, 삼겹살 300g,
당면 300g, 간장 5큰술,
설탕 3큰술, 식초 ½큰술, 물 100ml,
참기름 3큰술,
식용유, 소금, 통깨

준비
- 알배추는 배추 결을 따라 세로로 길쭉하게 썬다.
- 당근은 채썬다.
- 대파는 반을 가른 후 5cm 길이로 썬다.
- 생강은 잘게 다진다.
- 마늘은 칼로 으깬 후 식감 있게 다진다.
- 당면은 미지근한 물에 30분 이상 담가 불린다.

> 손으로 잡았을 때 부드럽게 휘어질 정도가 되어야 해요.

만드는 법

1 삼겹살은 얇게 썬다.

2 간장 5큰술, 설탕 3큰술, 식초 ½큰술, 물 100ml를 섞어 양념장을 만든다.
- 여기까지 모두 준비해놓은 후 요리하는 것이 편합니다.

3 달군 웍에 식용유 1바퀴를 두르고 삼겹살을 볶는다.
● 인덕션을 사용할 경우, 닿는 면적이 넓어야 하므로 넓은 팬을 쓰는 것을 추천합니다.

4 삼겹살이 노릇하게 익으면 다진 마늘과 생강을 넣은 후, 소금 2꼬집을 넣고 볶는다.
● 고운 소금이 잘 녹아서 좋아요.

> 모든 재료에 간을 하며 간을 층층이 쌓는 것이 중요합니다.

5 향이 올라오면 당근과 소금 1꼬집을 넣고 볶는다.

6 당근이 살짝 부드러워지면 대파와 소금 1꼬집을 넣고 더 볶는다.

7 대파의 숨이 죽으면 알배추를 넣고 소금 1꼬집을 뿌려 볶는다.

8 불려둔 당면을 넣어 뒤적인 뒤, 2의 양념장을 넣고 양념이 졸아들 때까지 볶는다.

9 양념이 다 졸아들면 불을 끄고, 참기름 3큰술과 통깨를 듬뿍 넣어 섞는다.

분식집 라볶이

맛의 최첨단 과학, 라면 수프 하나로 어린 시절 학교 앞에서 먹던 바로 그 맛을 구현했습니다.
라볶이 먹고 코인노래방 가던 중학생 시절의 제가 저절로 떠오르는 추억의 맛이랍니다.
달걀 샌드위치도 함께 만들어 라볶이 국물에 찍어 세트로 즐겨보세요!

재료 진라면 1개, 라면 수프 ½개, 대파 1대, 어묵 2장, 밀떡 적당량, 물 700ml, 설탕 1+½큰술, 간장 1큰술, 고추장 듬뿍 1큰술
● 떡은 먹고 싶은 만큼 넣어주세요.

준비

- 대파는 길게 한번 가른 뒤, 4~5cm 길이로 썬다.
- 어묵은 4등분한 뒤, 삼각형 모양으로 썬다.

만드는 법

1 팬에 대파, 물 700ml를 넣고 중불에서 끓인다.

입맛에 따라, 간장, 고추장 양을 가감해 간을 조절하세요.

2 설탕 1+½큰술, 간장 1큰술, 고추장 듬뿍 1큰술, 라면 수프 ½개를 넣고 끓인다.

3 팔팔 끓으면 어묵, 밀떡을 넣고 3분 끓인다.
● 좀 더 매콤한 맛을 원하면 고춧가루를 ½~1큰술을 추가하세요.

4 밀떡이 통통하게 부풀면 라면을 넣고 3분 끓이면 완성!

어묵국수

파, 소면, 어묵, 이 세 가지 재료만으로 만들 수 있는 초간단 잔치국수 레시피입니다.
국수에서 가장 중요한 시원 칼칼한 국물도
다시마나 멸치로 우려낼 필요 없이 참치액만 있으면 끝!
추운 겨울밤, 뜨끈한 어묵국수 한 그릇 호로록 어때요?

재료

사각어묵 4장, 소면 2인분, 대파 1대, 참치액 3큰술, 물 1L, 후추 10바퀴

● 소면 2인분은 500원짜리 동전 크기 정도입니다.

만드는 법

1 대파는 반을 가르고 4cm 길이로 자른다.

2 사각어묵은 돌돌 말아 면처럼 얇게 썬다.

3 냄비에 물을 붓고 1의 대파를 넣어 강불로 끓인다. 파의 숨이 죽으면 참치액 3큰술을 넣고, 2의 어묵을 넣는다.

4 어묵이 국물을 머금어 부풀면 후추 10바퀴를 넣고 불을 끈다.

면을 찬물에 빨래하듯 비벼 전분기를 없애주세요.

헹군 뒤에는 꼭 체에 밭쳐 물기를 제거하세요.

5 팬에 물을 받아 끓이고, 소면을 넣어 2분 30초 삶은 뒤 찬물에 헹군다.

6 삶은 면을 토렴한 뒤, 그릇에 어묵과 함께 국물을 담는다.

취향에 따라 고춧가루를 추가하면 더욱 맛있습니다.

설마고추장비빔면

유느님도 인정한 맛, 양념돼지갈비와 함께 먹으면 최강인 비빔면입니다.
매콤새콤한 맛의 비법 양념을 위해 오이와 양파 절임물을 소스에 넣는다는 것,
꼭 기억하세요.

재료 중면 2인분, 김가루 약간, 통깨
오이양파절임 오이 1개, 양파 ½개, 식초 4큰술, 설탕 2큰술, 맛소금 3꼬집

비빔면 양념 통깨 2큰술, 고춧가루 2큰술, 설탕 4큰술, 식초 4큰술, 참기름 4큰술, 오이양파절임물 4큰술, 간장 6큰술, 고추장 듬뿍 1큰술, 케첩 1큰술, 다진 마늘 ½큰술

● 중면 2인분은 700원짜리(?) 동전 크기입니다. 500원짜리 동전보다 살짝 크게 잡아주세요.

준비

● 오이, 양파는 얇게 슬라이스한다.
슬라이서를 사용하면 편리해요.

절일 때 생긴 물이 비빔면 양념의 핵심이니, 버리지 마세요.

● 볼에 '오이양파절임' 분량의 재료를 모두 넣고 섞어 냉장고에서 30분 절인다.
● 꼬들꼬들한 식감이 되도록 물기를 꼭 짜 '오이양파절임'을 만든다.

만드는 법

넓은 팬이나 궁중팬에서 삶으면 끓어 넘치지 않아요.

젓가락에 면을 둘둘 말아 그릇에 담고 양념장을 두르면 보기 좋은 플레이팅 완성!

 작은 볼에 '비빔면 양념' 분량의 재료를 모두 넣고 섞는다.

 팬에 물을 끓이고 중면을 넣어 3분 삶은 뒤, 건져내 찬물에 헹군다.

 큰 볼에 삶은 면과 양념장 9큰술을 넣고 섞는다.
● 양념장은 맛을 보고 부족하면 추가하세요.

4 그릇에 비빔면을 담고, 오이양파절임, 김가루를 올리고 통깨를 뿌려 마무리한다.

PART 4

평생 국탕 찌개

정말 좋아하는 취미였던 요리가 어느새 직업이 되어가고 있습니다.
요리를 공부해서 알려드리는 것, 요즘 살아가는 가장 큰 기쁨입니다.
저에겐 연기도 요리도 꽤 닮아 있어요.
무언가를 준비하고 보여주고 보람을 느끼는 점에서
가끔은 두 직업이 아주 다르지 않다고 생각해요.

초간단 홍합탕

으슬으슬 추운 겨울밤, 오늘은 뜨끈한 홍합탕 어때요?
재래시장에서 싸게 구할 수 있는 싱싱한 홍합의 감칠맛을 최대로 살리는 무조미료 레시피입니다.
저렴한 가격에 간단하고 시원하게 즐기는 국물 요리로 이만한 것이 없겠죠?

재료 홍합 1kg, 물 500ml, 대파 ½대, 청양고추 1개, 마늘 2쪽, 굵은 소금 ⅓큰술
● 홍합은 구입한 당일 조리하는 것을 추천합니다.

준비 껍데기가 깨지거나 입이 벌어진 홍합은 모두 제거해주세요.

만드는 법 홍합은 찬물에 넣고 처음부터 끓여야 입을 벌립니다.

● 홍합은 찬물에 바락바락 씻고, 족사를 위로 잡아당겨 제거한다. 껍데기의 이물질은 다른 껍질을 이용해 제거하면 편리해요.
● 대파와 청양고추는 송송 어슷썬다.   ● 마늘은 편 썬다.

1 냄비에 물 500ml, 홍합을 넣고 뚜껑을 덮어 강불에 끓인다.
● 홍합이 물에 잠길락 말락 한 정도로 물을 넣으면 됩니다.
● 홍합 양에 비해 물이 많으면 진한 국물이 나오지 않으므로, 물은 조금만 넣고 끓인 뒤 모자라면 나중에 추가해주세요.

2 홍합이 입을 벌리면, 손질한 대파와 청양고추, 마늘, 굵은 소금 ⅓큰술을 넣고 한소끔 끓여 마무리한다.

한우양지미역국

미역국에 웬 사과? 사과와 한우양지로 육수를 내 깊은 감칠맛이 나고, 속도 편안해지는 미역국입니다.
생일날 소중한 사람에게 케이크 대신 3만 원치 한우양지를 사서 호화스러운 미역국 한 사발 대접해보세요.
세상에서 가장 감동스러운 생일 선물로 기억될 거예요.

재료 건미역 50g, 한우양지 650g, 무 흰 부분 ⅓개, 사과 ⅓개, 양파 1개, 다진 마늘 ½큰술,
까나리액젓 1큰술, 국간장 1큰술, 소금 1작은술, 물 2L, 참기름
● 까나리액젓 대신 참치액이나 멸치액젓을 써도 좋아요.

준비

● 건미역은 물에 담가 1시간 불린다.   ● 한우양지는 키친타월로 눌러 핏물을 제거한다.   ● 무는 3cm 두께로 자른다.
● 사과는 깨끗이 씻어 크게 자르고 씨를 제거한다.   ● 양파는 껍질을 벗기고 반으로 자른다.

만드는 법

1 냄비에 물 2L를 붓고 양지, 무, 사과, 양파를 넣어 끓인다. 육수가 반 정도 줄어들면 불을 끄고 육수를 완성한다.
● 잡내 제거를 위해 중간중간 육수에 떠오르는 검은 핏물을 건져내는 것이 좋습니다.

2 불린 미역을 가위로 숭덩숭덩 자른 후, 흐르는 물에 깨끗하게 씻어 체에 밭쳐둔다.

 다른 냄비에 미역, 참기름 5큰술, 다진 마늘 ½큰술을 넣고 저어가며 볶는다.
● 미역 비린내와 알싸한 마늘 향이 날아가도록 골고루 볶는 것이 좋습니다.

 마늘의 단맛이 올라올 때쯤 까나리액젓 1큰술, 국간장 1큰술을 넣고 한 번 더 볶는다.
● 국간장으로 간을 맞춘다기보다는 감칠맛 내는 정도로 생각해주세요.

5 미역이 살짝 잠기도록 1의 육수를 붓고, 소금 1작은술으로 밑간을 해 뚜껑 덮어 중불로 10분 이상 뭉근하게 끓인다.
● 취향에 따라 부족한 간은 소금으로 맞추세요.

육수는 체에 밭쳐 건더기를 걸러주세요.

한 김 식혀요.

 육수를 만들 때 삶은 양지를 꺼내 고깃결의 반대 방향으로 길게 썬다.
● 남은 양지는 밀폐용기에 넣어 냉장고에 보관했다가 그때그때 꺼내서 먹어요.

 5의 미역국을 그릇에 담고 6의 소고기를 올린 뒤, 참기름을 3방울 떨어뜨리면 완성!

어남선생 감자탕 완결판

역대급 가성비! 시장이나 정육점에서 저렴하게 살 수 있는 돼지등뼈로 푹 끓인 감자탕입니다.
가정에서 감자탕을 끓이는 건 조금 어려워 보일 수 있지만, 오히려 얼갈이배추, 감자, 콩나물 등
재료를 듬뿍듬뿍 넣을 수 있어서 가족과 배부르게 먹기 좋답니다. 자극적이지 않고 깔끔한데 깊은 맛이 있어요.
속이 저절로 풀리는 시원하고 개운한 맛이 일품입니다!

재료 돼지등뼈 2kg, 얼갈이배추 1단, 대파 2대, 감자 3~4개, 깻잎 적당량, 콩나물 300g, 들기름 ½컵, 소금 3큰술
● 감자탕용 돼지등뼈는 냉동보다 냉장을 추천합니다.

감자탕 양념 된장 듬뿍 6큰술, 고추장 듬뿍 2큰술, 다진 마늘 3큰술, 다진 생강 1큰술, 고춧가루 4큰술

준비

● 돼지등뼈는 흐르는 물에 씻어 뼛조각을 제거하고 물에 담가 30분 핏물을 뺀다.   ● 대파는 어슷썬다.
● 감자는 깨끗이 씻은 뒤 껍질을 깎는다.   ● 얼갈이배추와 콩나물은 깨끗이 씻어 준비한다.

만드는 법

1 큰 솥에 물 3L, 소금 3큰술을 넣고, 물이 끓으면 얼갈이배추를 넣어 3분 데친다.
● 이 물 그대로 등뼈까지 데칠 것이기 때문에 물 양은 넉넉히 잡아주세요.
● 얼갈이배추의 풋내를 제거해야 감자탕 전체의 맛을 해치지 않아요.

2 얼갈이배추를 건져 잠시 두었다가 억센 줄기가 부드러워지면, 찬물에 헹군 뒤 밑동을 자르고 물기를 짠다.
● 살짝 데친 후 건져놓아도 잔열에 충분히 익습니다.

한번 데쳐야 나중에
감자탕 국물이 깔끔해요.

3 얼갈이배추 데친 물에 그대로 등뼈를 넣고 1차로 5분 삶는다.
● 등뼈가 완전히 잠기지 않으면 물을 추가하세요.

잡내를 날려야 하므로
뚜껑을 열고 끓여주세요.

4 등뼈 삶은 물은 버리고 등뼈는 흐르는 물에 헹군다.

5 솥에 다시 등뼈를 담고 물 6L를 부어 끓인다.

6 물이 바글바글 끓기 시작하면 뚜껑을 덮고 강불에 1시간 30분 끓여 등뼈육수를 낸다.
● 뽀얀 육수가 나올 때까지 끓이면 됩니다.
● 단, 살이 부스러질 수 있으니 2시간 이상은 끓이지 마세요.

된장과 고추장의
비율은 3:1입니다.

7 볼에 '감자탕 양념' 분량의 재료를 모두 넣고 6의 등뼈육수 1국자를 넣어 잘 섞는다.

 6의 등뼈육수에서 등뼈는 건져내 따로 둔다.

 얼갈이배추, 대파, 감자, 콩나물을 취향껏 넣고 7의 양념장을 잘 푼다.
● 양념장은 다 넣지 말고 3분의 1 정도 남겨두고 간을 보며 추가하세요.

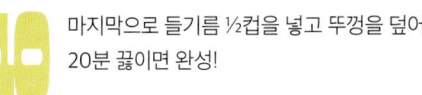 마지막으로 들기름 ½컵을 넣고 뚜껑을 덮어 강불에 20분 끓이면 완성!

 전골냄비에 등뼈와 함께 옮겨 담은 뒤, 깻잎을 넉넉히 올리고 끓여가며 먹는다.

평생 김치찌개

소주 한잔 당기는 칼칼한 맛! 밥과 함께 먹으면 바로 극락!
한 번 익혀두면 눈 감고도 만드는 나만의 평생 레시피, 김치찌개입니다.
레시피대로만 따라 하면 요리 초보자도 실패 없이,
국밥의 깊은 맛이 나는 김치찌개를 만들 수 있어요.

재료

김치 ¼포기(약 600g),
돼지고기 앞다리살 찌개용 300g,
김치 국물 ½컵, 양파 1개, 대파 1대,
두부 ½모, 다진 마늘 1큰술,
새우젓 1큰술, 진간장 2큰술,
고춧가루 2큰술, 굵은 소금 ⅓큰술,
식초 1큰술, 물 1L, 식용유

- 김치는 김장한 지 2~3개월 된, 푹 익기 전 새콤달콤 시원한 맛의 김치가 좋습니다.
- 시판 김치의 경우, 밀폐용기에 담아 냉장고에서 2~3주 익히면 됩니다.

준비

이파리는 넓게, 줄기는 좁게 썰면 좋아요.

- 김치는 먹기 좋은 크기로 썬다.
- 양파는 채썬다.
- 대파는 송송 썬다.
- 두부는 1cm 두께로 썬다.

만드는 법

1 중불에서 3분 예열한 냄비에 식용유 1바퀴를 두른다.
- 조리 중 국물이 넘치지 않게 충분한 크기의 스테인리스 냄비를 사용하세요. 22cm 이상을 추천합니다.
- 냄비에 식용유를 넣었을 때 물결이 생기면 충분히 예열된 것입니다.

2 앞다리살을 넣고 노릇해질 때까지 중불에 볶는다.
- 돼지고기를 넣었을 때 연기가 확 올라오면 뚜껑을 잠시 덮어주세요.

'바글바글'이 포인트예요.

3 수분이 날아가고 기름이 자글자글 끓는 소리가 나면 다진 마늘 1큰술, 새우젓 1큰술을 넣고 볶는다.
● 다진 마늘을 먼저 넣고, 매운 냄새가 빠지면 새우젓을 넣고 볶아주세요.

4 재료를 한쪽으로 몰고, 빈 공간에 진간장 2큰술을 넣고 바글바글 끓인 뒤 섞는다.

5 고춧가루 2큰술을 넣은 뒤, 불을 끄고 잘 볶는다.
● 잔열로 고춧가루를 볶아 고추기름을 내는 것입니다.

6 물 1L를 붓고, 김치, 김치 국물 ½컵, 굵은 소금 ⅓큰술, 양파, 대파를 넣고 강불로 끓인다.

7 바글바글 끓기 시작하면 중불로 줄이고 뚜껑을 덮어 40분 끓인다.
● 간을 보고 짜면 물을 소주잔 1컵 정도 추가하고, 싱거우면 10분 더 졸여주세요.

8 두부와 식초 1큰술을 넣고, 두부가 따뜻해질 때까지 더 끓이면 완성!

평생 된장찌개

은퇴하신 노부부분들을 위한 요리 수업 때 준비했던 레시피입니다.
생전 처음 남편이 끓인 된장찌개를 맛보고 눈물 지으시며
연신 "맛있다!"를 외치던 아내분의 미소가 지금도 생각이 납니다.
저만의 비법은 식초 약간으로 잡내를 잡고 재료의 맛을 살리는 것!
라면을 끓일 수 있다면 된장찌개도 누구나 끓일 수 있습니다.

재료 된장 듬뿍 3큰술, 쌈장 듬뿍 1큰술, 차돌박이 200g, 감자 1개, 애호박 ⅓개, 양파 1개, 대파 1대, 두부 ½모, 청양고추 3개, 다진 마늘 1큰술, 식초 ½큰술, 굵은 소금 ⅕큰술, 물 1L

준비
- 감자, 양파, 애호박은 한입 크기로 썬다.
- 대파는 1~2cm 길이로 썬다.
- 두부는 1cm 두께로 썬다.
- 청양고추는 송송 썬다.

만드는 법

1 냄비에 물 1L를 넣고 된장 듬뿍 3큰술, 쌈장 듬뿍 1큰술을 넣고 강불로 끓인다.

2 끓기 시작하면 중불로 줄이고 양파, 대파, 감자, 애호박, 다진 마늘 1큰술, 식초 ½큰술, 굵은 소금 ⅕큰술을 넣고 뚜껑 덮어 10분 끓인다.

> 식초를 넣으면 감칠맛은 더하고 잡내가 날아갑니다.

3 차돌박이, 두부, 청양고추를 넣고 뚜껑 덮어 강불에 끓인다.

4 바르르 끓으면 중불로 낮춰 3분 더 끓이면 완성!
- 취향에 따라 부족한 간은 소금으로 맞추세요.

요즘은 "밥 해줄게. 집으로 와." 하는 사람 별로 없지요.
만약 주변에 그런 친구가 있다면 정말 고마울 것 같지 않나요?
복잡한 요리 필요 없어요. 된장찌개 한 뚝배기면 충분해요.
같은 상에 마주 앉아 같은 온기 느끼면
그 자체로도 큰 위로가 될 거예요.

스팸 순두부찌개

자취생도 뚝딱 끓일 수 있는, 성공률 100% 초간단 스팸 순두부찌개입니다.
들어가는 재료는 간단하지만 맛은 결코 간단하지 않답니다.

재료

스팸 200g 1캔, 순두부 1개, 대파 1대,
청양고추 2개, 애호박 ⅓개, 양파 ½개,
달걀 2개, 다진 마늘 1큰술,
고춧가루 3큰술, 간장 3큰술,
굴소스 2큰술, 설탕 ½큰술, 후추 20바퀴,
물 300ml, 식용유

준비

> 스팸을 물에 씻으면 기름기와 특유의 잡내를 없앨 수 있습니다.

- 스팸은 흐르는 물에 씻은 뒤, 절반은 얇게 썰고 남은 절반은 칼등으로 눌러 으깬다.
- 대파, 청양고추는 송송 썬다.   • 애호박은 1cm 두께로 썬 뒤, 십자로 4등분한다.
- 양파는 깍둑썬다.

만드는 법

> 충분히 예열한 후 스팸을 넣어 볶아주세요.

1 중불로 예열한 냄비에 식용유를 넉넉히 두른 뒤, 으깬 스팸을 넣고 짙은 갈색이 될 때까지 바싹 볶는다.
- 두께감 있는 스테인리스 냄비를 사용하세요.
- 식용유를 넣었을 때 물결이 생기면 충분히 예열된 것입니다.

2 다진 마늘 1큰술, 대파, 청양고추, 설탕 ½큰술을 넣고 볶는다.
- 대파는 고명용으로 조금 남겨두세요.

 불을 끄고 고춧가루 3큰술을 넣은 뒤 잘 섞이도록 2분 충분히 볶는다.

> 잔열로 고춧가루를 볶아 고추기름을 내는 것입니다.

 재료를 한쪽으로 몰고, 빈 공간에 간장 3큰술, 굴소스 2큰술을 넣어 중불에 바르르 끓인 뒤 섞는다.

> 간장을 한번 끓이면 감칠맛이 더욱 좋아집니다.

> 물이 끓으면 중불로 줄여주세요.

 물 300ml, 애호박, 양파를 넣고 뚜껑을 덮어 5분 끓인다.
● 순두부와 채소에서 수분이 나오기 때문에 물을 적게 넣어도 충분합니다.

 순두부, 얇게 썬 스팸, 후추 20바퀴를 넣는다.
● 순두부는 봉지째 조심스레 밀어 냄비에 넣고, 뒤집개 등을 이용해 적당한 크기로 잘라주세요.

 뚜껑을 덮고 간이 맞을 때까지 끓인다.
● 마지막에 달걀을 넣기 때문에 살짝 간간하다 싶을 정도로 졸여주세요.

8 달걀을 깨뜨려 넣고 고명용 대파를 올려 잠시 끓이면 완성!

고추장찌개

육수 없이 최상의 맛을 끌어내기 위해 1년 반 동안 고심해 완성한 고추장찌개 레시피입니다.
"제가 끓인 찌개는 다 맛이 없어요."라고 하는 분들 중 대개는 끓이는 시간이 충분하지 않아서예요!
찌개의 생명은 인내심! 푹 고아준다고 생각하고 오래 끓이면 밥도둑 찌개를 만들 수 있답니다.
구워 먹고 남은 삼겹살이 있다면 고추장찌개 한번 끓여보세요.

재료

돼지고기 삼겹살 300g, 대파 1대,
감자 2개, 양파 1개, 청양고추 3개,
애호박 ½개, 두부 1모, 다진 생강 ½큰술,
다진 마늘 듬뿍 1큰술,
고춧가루 듬뿍 2큰술, 설탕 2큰술,
간장 2큰술, 멸치액젓 1큰술,
새우젓 듬뿍 1큰술, 고추장 듬뿍 4큰술,
굵은 소금 2꼬집, 식초 1큰술,
물 1L, 식용유

● 돼지고기는 앞다리살 찌개용을
사용해도 좋아요.

준비

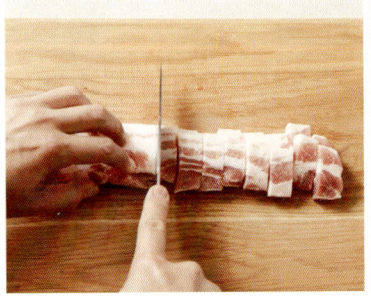

기호에 따라 청양고추를 넣으면 더욱 칼칼하게 맛있어요.

● 삼겹살은 한입 크기로 썬다.   ● 감자, 양파, 두부는 한입 크기로 깍둑썬다.
● 대파는 어슷썬다.   ● 애호박은 1cm 두께로 썬 뒤, 십자로 4등분한다.   ● 청양고추는 송송 썬다.

만드는 법

기름이 타닥타닥 튀는 소리가 날 때까지 볶아주세요.

1 중불로 달군 냄비에 식용유 1바퀴를 두르고 삼겹살을 넣은 뒤 굵은 소금 2꼬집을 뿌려 노릇하게 볶는다.
● 식용유를 둘렀을 때 물결이 생길 때까지 예열해주세요.

2 약불로 줄이고 다진 생강 ½큰술, 다진 마늘 듬뿍 1큰술, 고춧가루 듬뿍 2큰술, 대파를 넣고 볶는다.
● 고춧가루 풋내가 날아갈 정도로만 볶아주세요.

액젓 냄새가 날아갈 정도로 볶아주세요.

고추장이 잘 섞이면 바로 물을 부어주세요.

3 설탕 2큰술, 간장 2큰술, 멸치액젓 1큰술, 새우젓 듬뿍 1큰술을 넣고 볶는다.

4 고추장 듬뿍 4큰술을 넣고 섞은 뒤 물 1L를 부어 강불에서 끓인다.

끓이는 시간은 총 20분입니다.

5 감자, 양파, 두부를 넣고 뚜껑을 덮어 10분 끓인다.

6 애호박을 넣은 뒤 중강불로 줄이고 뚜껑을 덮어 10분 끓인다.

7 식초 1큰술을 넣고 한 김 날린 후, 불을 끄고 마무리한다.
● 간이 부족하다면 조금 더 졸이거나 고추장을 추가하세요.

로제 부대찌개

로제가 부대찌개까지 침범했다!
매콤 칼칼한 기본 부대찌개를 즐긴 뒤 생크림만 추가해 로제 부대찌개로 2차 어떠세요?
다 먹고 남은 국물에 밥까지 비벼 먹으면 든든한 3코스 요리처럼 즐길 수 있어요.

재료

기본 부대찌개 사리곰탕면 1봉, 물 1L, 다진 마늘 4큰술, 스팸 1캔, 프랑크 소시지 3개, 양배추 ⅛통, 대파 1대, 양파 ½개, 슬라이스 체더치즈 2장, 베이크드 빈스 듬뿍 4큰술, 케첩 2큰술, 밀떡 2줌, 후추

부대찌개 양념장 고추장 1큰술, 고춧가루 듬뿍 1큰술, 간장 1큰술, 멸치액젓 1큰술, 설탕 ½큰술
로제 부대찌개 부대찌개 양념장 ½큰술, 생크림 150ml, 후추

준비

- 병에 물 1L, 사리곰탕면 가루 수프를 넣고 섞어 육수를 만든다.
  시판 곰탕육수를 사용해도 됩니다.
- 스팸은 가로로 얇게 썰고, 프랑크 소시지 1개는 동그랗게, 나머지 2개는 얇고 길게 어슷썬다.
  소시지 모양을 다르게 썰면 다양하게 먹는 느낌을 낼 수 있습니다.
- 대파는 길쭉하게 어슷썰고, 양배추는 한입 크기로 큼직하게, 양파는 두께감 있게 채썬다.
- 볼에 '부대찌개 양념장' 분량의 재료를 모두 넣고 섞는다.

만드는 법

남은 국물에 밥을 넣어 볶으면 로제 리소토까지 3단 변신 성공!

 전골냄비에 스팸, 프랑크 소시지, 대파, 양배추, 양파를 담고 체더치즈, 베이크드 빈스, 사리곰탕면 건더기 수프, 밀떡을 담는다.

 양념장을 듬뿍 1큰술 넣고, 다진 마늘 듬뿍 4큰술, 후추 약간을 넣은 후, 준비한 육수 700ml를 붓고 중불로 끓인다.
- 남은 육수와 양념장은 끓이면서 취향껏 추가하세요.

 뚜껑을 덮고 5분 끓이다 뚜껑을 열고 케첩 2큰술을 넣고 한소끔 더 끓인다.

 라면사리를 넣고 면이 익으면 기본 부대찌개 완성!
- 이 상태로 어느 정도 먹다가 로제 부대찌개로 만들면 됩니다.

 기본 부대찌개에 부대찌개 양념장 ½큰술, 생크림 150ml를 넣고 3~4분 더 끓인 뒤, 후추를 뿌린다.
- 매운맛을 원하면 고춧가루, 크러시드 레드페퍼 등을 추가하세요.
- 치즈, 파슬리 가루 등을 추가하면 더욱 맛있습니다.

녹두삼계탕

> 복날에 계곡 앞 평상에서 먹는 듯한 삼계탕으로 더운 여름날 원기 충전하세요!
> 녹두는 몸의 열을 내리는 효능이 있지요. 맛도 건강도 챙기면서
> 무더운 여름을 지내기 위해 녹두를 넣어 삼계탕을 만들어보길 추천합니다.

재료 6호 생닭 2마리, 녹두 ⅔컵, 찹쌀 ⅔컵, 마늘 1줌, 물 2L, 대파 1줌, 양파 ½개, 청주 50ml, 소금 1작은술, 부추 1줌

준비

- 녹두와 찹쌀을 1:1 비율로 준비해 물에 하루 불린다.
- 흐르는 물에 깨끗이 닭 내부를 세척한다.
- 피가 고여 있는 닭다리 끝, 날개 끝을 가위로 자르고, 꽁지 주변 지방과 목덜미 지방도 깨끗하게 제거한다.

 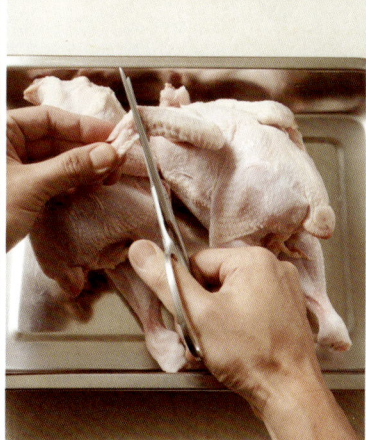 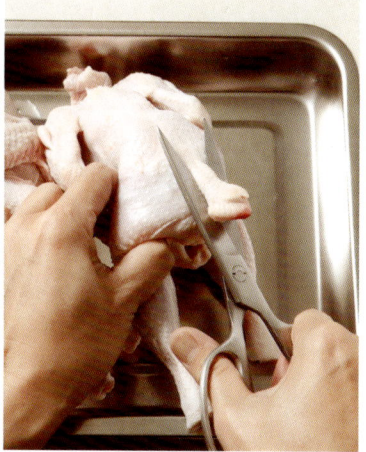

만드는 법

1 불린 녹두는 바락바락 씻어서 껍질을 벗긴다.

2 녹두와 찹쌀은 잘 섞는다.

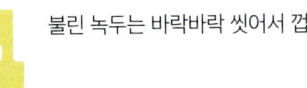
힘줄이 끊어지지 않도록 주의하세요.

3 손질한 닭 안에 2의 녹두와 찹쌀을 새어 나오지 않을 만큼 채워 넣는다.

4 닭의 한쪽 다리 힘줄 옆에 칼집을 넣고, 반대쪽 다리를 칼집 낸 곳에 넣어 꼬아준다.

중간중간 거품이 생기면 제거합니다.

5 냄비에 닭과 마늘, 대파, 양파를 넣고 닭다리가 살짝 나올 정도로 물을 붓는다.

6 청주 50ml를 넣고 뚜껑을 연 채로 10분 끓인다.
● 녹두와 찹쌀이 남았다면 함께 넣어주세요.

7 뚜껑을 살짝 덮은 후, 중불로 줄이고 소금 1작은술로 간하여 국물이 자작해질 때까지 푹 끓인다.

8 낮은 냄비에 닭과 국물을 옮겨 담고 부추를 올린다.
● 취향에 따라 부족한 간은 소금으로 맞추세요.

부추가 살짝 익도록 스테인리스 볼로 잠시 덮어두세요.

약불에 올려두고 뜨끈하게 즐기세요. 이열치열!

러브 황태해장국

아내의 숙취를 풀어주었던 애정 가득 황태해장국입니다.
소고기보다 단백질이 네 배나 많은 황태채는 최대한 노란 것으로 고르세요!
하얀 황태보다 노란 황태가 더 맛도 좋답니다.
황태채는 많으면 많을수록 맛있어지니, 듬뿍 넣으세요.

재료 황태채 50g, 무 흰 부분 500g, 두부 ½모, 콩나물 200g, 대파 1대, 달걀 2개, 참기름 3큰술, 다진 마늘 ½큰술, 식초 1큰술, 국간장 3큰술, 참치액 3큰술, 굵은 소금 ½큰술, 물 2L

- 황태채는 취향에 따라 더 넣어도 좋습니다.
- 황태포를 사용할 경우, 1마리 분량입니다.

준비

물에 헹구면 비린내를 없앨 수 있습니다.

- 황태채는 손가락 2마디 크기로 자른 뒤, 물에 헹구고 물기를 짠다.
- 무는 껍질을 깎고 나박썰기 한다.
- 두부는 황태채와 비슷한 크기로 썬다.
- 대파는 송송 썬다.
- 콩나물은 물에 씻는다.
- 달걀은 볼에 깨트려 푼다.

만드는 법

한 번에 붓지 말고, 얇고 가늘게 부어주세요.

 예열한 냄비에 참기름 3큰술, 다진 마늘 ½큰술, 황태채를 넣어 약불로 볶는다.

 마늘이 노르스름해지면 물 2L, 무를 넣어 강불로 끓인다.

 물이 끓으면 식초 1큰술, 국간장 3큰술, 참치액 3큰술, 굵은 소금 ½큰술을 넣은 뒤, 뚜껑을 덮고 중약불로 20분 끓인다.

 달걀물을 부은 뒤, 불을 끄고 그대로 잔열로 3분 익힌다.
- 달걀물을 넣은 후 젓지 않아야 몽글몽글하게 익어요.

 두부, 대파, 콩나물을 넣고 뚜껑을 덮어 3분 더 끓이면 완성!

평생 육개장

육개장은 어렵다는 편견을 깨는, 초간단 육개장 레시피입니다.
3년간의 연구가 농축된 고기 듬뿍 육개장으로
집에서 얼큰하게 아침 해장 어떠세요?

취향에 따라 부족한 간은
소금으로 맞추세요.

재료 소고기 양지 400g, 대파 2대, 무 500g, 느타리버섯 200g, 콩나물 300g, 고춧가루 5큰술, 다진 마늘 1큰술,
국간장 5큰술, 참치액 4큰술, 쌈장 2큰술, 물 2L, 식용유 2바퀴, 참기름 2큰술, 소금 4꼬집, 밀가루 1큰술
● 두툼한 한우 통양지를 사용하면 더욱 맛이 좋습니다.

준비

양지는 결 반대 방향으로 썰어주세요.

● 양지는 얇게 썬 뒤 2등분해 볼에 담고 굵은 소금 ½큰술, 밀가루를 넣어 버무린다.
● 느타리버섯은 밑동을 자르고 먹기 좋은 크기로 찢는다. ● 무는 나박썰기 한다. ● 콩나물은 깨끗이 씻는다.
● 대파는 세로로 반 가르고 5cm 길이로 썬다.

만드는 법

기름을 넉넉하게 둘러주세요.

1 예열한 냄비에 식용유 2바퀴, 참기름 2큰술을 두르고 양지를 넣어 중불로 볶는다.

바닥에 눌어붙은 것을 긁어가며 볶아주세요.

2 고기의 핏기가 사라지면 대파, 무를 넣어 1~2분 볶는다

3 약불로 줄이고 고춧가루 5큰술을 넣어 볶는다.

4 고추기름이 나오면 다진 마늘 1큰술, 국간장 5큰술, 참치액 4큰술, 소금 4꼬집을 넣어 비비듯 볶다가 물 2L, 쌈장 2큰술, 느타리버섯을 넣고 강불로 끓인다.

5 물이 끓으면 뚜껑을 덮고 중불에 20분 끓인다.

6 콩나물을 넣고 뚜껑을 덮은 채로 15분 끓이면 완성!
● 뚜껑을 덮고 약불로 뭉근하게 조금 더 끓이면 깊은 맛이 나지요!

PART 5

평생 간식

**어릴 적부터 요리에 호기심이 많았어요.
아홉 살, 집에 있던 베이킹파우더, 밀가루, 물, 소금, 설탕,
뭐 이런 것들을 넣고 빵을 구웠어요. 전자레인지에다가요.
이 요상한 빵을 이웃집 할머니께서 맛있다며 절반이나 드셨습니다.
그때 처음으로 느꼈어요. 요리는 참 즐겁고 기쁜 일이구나.**

즉석 떡볶이

매운 떡볶이가 대세이지만, 그래도 가끔은 학교 앞 분식집에서
친구들과 오순도순 끓여 먹던 달콤한 즉떡이 그립지 않으세요?
즉떡의 매력은 떡은 거들 뿐, 떡보다 듬뿍 들어간 면 사리에 있죠.
삶은 달걀 으깨 국물에 푹 적셔 먹으면 추억 여행 출발입니다.

재료 달걀 4개, 양배추 ¼통, 밀떡 1줌, 어묵 3장, 당근 ½개, 대파 1대,
다진 마늘 1큰술, 짜장라면 수프 1개, 라면사리 1개, 쫄면사리 2묶음, 설탕 1큰술,
간장 1큰술, 고추장 1+½큰술, 물 1L, 고춧가루 1큰술, 소금

> 어느 정도 먹고 남은 떡볶이에 신김치를 잘게 잘라 넣고, 참기름 약간, 김가루를 취향껏 더해 볶음밥까지 먹으면 금상첨화겠죠?

준비

- 냄비에 물 적당량과 소금 1큰술을 넣은 뒤, 달걀을 12분 삶는다.
- 어묵은 4등분한 뒤, 삼각형 모양으로 썬다.
- 당근은 채썬다.
- 대파는 반으로 갈라 4등분한다.
- 양배추는 큼지막하게 썬다.

만드는 법

> 양배추는 금방 숨이 죽으니 큼직하게 썰어 넣어주세요.

> 마늘은 취향에 따라 가감해주세요.

1 양배추를 숭덩숭덩 잘라 전골냄비 바닥에 깐다.

2 밀떡, 어묵, 당근, 대파와 다진 마늘 1큰술을 넣는다.

3 짜장라면 수프, 라면사리, 쫄면사리를 넣는다.
● 쫄면사리는 손으로 비벼서 잘 풀어주세요.

4 설탕 1큰술, 간장 1큰술, 고추장 1+½큰술, 물 1L를 넣고, 고춧가루 1큰술, 소금 1작은술을 뿌린 뒤, 삶은 달걀을 올린다.

5 버너에 올려 끓이면 즉석 떡볶이 완성!

평생 떡볶이

집에서 만들면 왜 길거리 떡볶이 맛이 안 날까요?
이 레시피만 따라 하면 길거리에서 먹던 바로 그 맛,
집에서도 낼 수 있어요!
비법은 바로 굴소스인데요, 굴소스 하나면 윤기 좔좔 흐르는
매콤달콤한 길거리 떡볶이 완성이에요.

재료 밀떡 500g, 어묵 4장, 대파 1대, 설탕 1큰술, 굵은 소금 ⅓큰술, 다진 마늘 ½큰술, 물 600ml

떡볶이 양념장 고춧가루 4큰술, 설탕 3큰술, 간장 2큰술, 굴소스 2큰술, 고추장 듬뿍 2큰술, 식용유 1큰술, 후추 20바퀴
- 가루 후추를 사용할 경우에는 1작은술입니다.

준비

- 볼에 '떡볶이 양념장' 분량의 재료를 모두 넣고 잘 섞는다.
  식용유를 넣으면 더 맛있고 걸쭉한 양념장을 만들 수 있습니다.
  맵기는 고춧가루로 조절하세요.
- 대파는 길게 반으로 가른 뒤, 3~4cm 길이로 썬다.
- 어묵은 4등분한 뒤, 삼각형 모양으로 썬다.

만드는 법

어묵 육수를 내는 과정입니다.

양념장은 다 넣지 말고 1큰술 남겨두었다가 입맛에 맞게 추가하세요.

1 기름을 두르지 않고 예열한 팬에 대파, 어묵과 설탕 1큰술, 굵은 소금 ⅓큰술, 다진 마늘 ½큰술을 넣은 뒤, 물 600ml를 붓고 강불에서 끓인다.
- 뚜껑은 덮고 끓이세요.

2 육수가 끓어오르면 중불로 낮추고 밀떡을 넣고 뚜껑을 덮은 뒤 1~2분 끓인다.

3 밀떡이 하얗게 불면 양념장을 넣는다.

4 약불에서 뚜껑을 열고 4분 뭉근하게 끓이면 완성!

짜장 떡볶이

달콤해서 어린이가 좋아하고, 은은한 불향에는 어른이 반한다! <기생충>에 등장해 화제가 되었던 '채끝살 짜파구리'처럼 고기를 더해 고급스러운 맛을 한껏 끌어낸 짜장 떡볶이입니다. 어른용, 어린이용 따로 담아서 어른용에는 고춧가루도 뿌려 먹으면 매콤하게 즐길 수 있어요.

재료 밀떡 300g, 차돌박이 100g, 대파 2대,
짜장가루 2+½큰술, 설탕 1큰술, 굴소스 1큰술,
물 400ml, 소금 1꼬집, 후추 ½작은술, 식용유, 통깨
● 냉동 차돌박이를 구입할 때는 넓게 펼쳐져 있는 것보다
돌돌 말려 있는 것이 사용하기 편리해요.

준비 ● 떡은 흐르는 물에 씻어 찬물에 불린다.
● 대파는 길게 반으로 가른 뒤, 5cm 길이로 자른다.

만드는 법

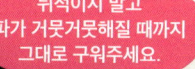
뒤적이지 말고 파가 거뭇거뭇해질 때까지 그대로 구워주세요.

타지 않게 계속 저어주세요.

강불로 30초 볶아 불맛을 입혀주세요.

1 강불로 예열한 마른 팬에 파를 깔고 2분 굽는다.

2 파의 수분이 날아가면 식용유 1바퀴를 두르고 차돌박이를 넣어 볶는다.

3 고기의 핏기가 사라지면 중불로 낮춰 짜장가루 2+½큰술, 설탕 1큰술, 굴소스 1큰술 넣은 뒤, 강불로 올려 빠르게 볶는다.

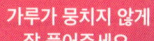
가루가 뭉치지 않게 잘 풀어주세요.

기호에 따라 고춧가루와 청양고추를 넣으면 어른용 짜장 떡볶이가 되지요!

4 물 400ml, 소금 1꼬집, 후추 ½작은술, 떡을 넣고 강불에 7분 끓인다.
● 팬 가장자리에 눌어붙은 양념을 긁어주세요.
● 간이 셀 때는 물을 소주잔으로 ½잔 추가해주세요.

5 국물이 걸쭉해지면 통깨를 뿌려 마무리한다.

215

궁중 떡볶이

저는 밀떡파이긴 하지만 궁중 떡볶이만큼은 쫀득한 쌀떡이 어울린다고 생각해요.
갈아만든 배 한 캔만 있다면 단짠단짠 무한으로 들어가는 불고기 맛 궁중 떡볶이가 완성!
분식보다 요리에 가까운 궁중의 맛을 가정에서 즐겨보세요.

재료 불고깃감 소고기 200g, 쌀떡 500g, 대파 2대, 소금 2꼬집, 진간장 6큰술, 굴소스 2큰술, 설탕 2큰술, 다진 마늘 1큰술, 갈아만든 배 238ml 1캔, 물 100ml, 참기름 1큰술, 식용유, 통깨

준비
- 소고기는 1장씩 떼어낸 뒤 한입 크기로 썬다.
- 대파는 길게 반으로 가르고 5cm 길이로 자른다.
- 떡은 찬물로 씻어 체에 밭쳐둔다.

만드는 법

1 강불로 예열한 마른 팬에 파를 깔고 2분 굽는다.

2 식용유를 1바퀴 두르고 손질한 고기와 소금 2꼬집을 넣어 볶는다.

3 고기의 핏기가 사라지면 중불로 낮추고 다진 마늘 1큰술을 넣어 향을 입히듯 섞는다.

> 좀 더 담백한 맛을 원한다면 설탕은 1큰술만 사용하세요.

> 나무 주걱으로 팬 바닥을 긁었을 때 길이 생길 때까지 뭉근하게 졸여주세요.

4 진간장 6큰술을 넣어 바글바글 끓이고 굴소스 2큰술, 설탕 2큰술을 넣어 볶는다.

5 떡과 갈아만든 배 1캔, 물 100ml를 넣어 강불로 끓인다.

6 물이 끓으면 중불에 3분 두었다가, 약불로 줄이고 참기름 1큰술을 두른다.

7 통깨를 듬뿍 뿌려 마무리한다.

휴게소 버터감자

여행의 묘미는 휴게소에 있기도 하죠.
휴게소 간식은 나날이 발전하지만 변하지 않는 통감자 구이의 그 달짝지근한 맛.
집에서 갓 만드니 휴게소에서 먹는 것보다 따끈따끈하고 훨씬 맛있습니다.
그나저나 여러분들은 설탕파인가요? 소금파인가요?

재료
감자 5~6개, 물 200ml, 버터 40g,
소금 1작은술, 설탕 2큰술

만드는 법

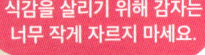
식감을 살리기 위해 감자는 너무 작게 자르지 마세요.

감자는 껍질을 벗긴 뒤 반으로 썬다.
● 감자칼을 사용할 때는 손을 다치지 않도록 조심! 목장갑을 끼면 좋아요.

감자의 평평한 면이 바닥으로 가게 넣으세요.

2 강불로 달군 마른 팬에 감자를 올리고 물 200ml를 부은 뒤 소금 1작은술을 넣는다. 물이 끓으면 중불로 낮추고 뚜껑을 덮는다.

총 10분 익히면 됩니다.

3 물이 다 졸아들면 버터를 넣고 중약불에서 뒤적여가며 익힌다.

중간중간 눌어붙지 않게 저어주세요.

4 설탕 2큰술을 뿌리고 잘 섞은 뒤, 뚜껑을 덮어 약불에서 10분 익힌다.

5 그릇에 옮겨 담고 설탕을 원하는 만큼 더 뿌려 마무리한다.

크레이지 고구마

겨울철 간식으로도 크리스마스 디저트로도 딱!
치즈와 고구마가 피자 위에서만 어울리는 게 아니었다는 깨달음을 주는 맛입니다!
고구마와 치즈의 조합만으로도 이미 훌륭한데, 여기에 당 폭발 바닐라 아이스크림까지 올리면
어디서도 먹을 수 없었던 크레이지 K-디저트 완성입니다. 행복으로 가는 지름길이에요.

재료 고구마 3~4개, 버터 40g,
슈레드 피자치즈 2줌, 바닐라 아이스크림 적당량,
꿀 약간, 소금 6꼬집, 물 200ml, 후추

준비 ● 고구마는 깨끗이 씻은 뒤 껍질을 깎고
2cm 두께로 썬다.

> 감자칼을 사용할 때는
> 손을 다치지 않도록 조심!
> 목장갑을 끼면 좋아요.

만드는 법

> 고구마에서 나온 당분이 노릇하게 눌어붙을 때까지 졸이면 됩니다!

1 중불로 예열한 마른 팬에 고구마를 올리고 물 200ml를 부은 뒤 소금 3꼬집을 넣고, 뚜껑을 덮어 물이 졸아들 때까지 익힌다.

> 고구마 표면에 노릇하게 눌어붙은 누룽지가 생기도록 충분히 굽는 것이 포인트입니다.

> 고구마의 당분 때문에 금방 탈 수 있으니 자주 뒤집어주세요.

2 버터 40g을 넣고 앞뒤로 노릇노릇하게 약불에서 10분 굽는다.

> 아랫면에 치즈가 눌어붙은 누룽지가 생기도록 충분히 익혀주세요.

3 슈레드 피자치즈를 올리고 소금 3꼬집을 뿌린 뒤, 뚜껑을 덮어 약불에서 치즈를 5분 녹인다.
● 피자치즈는 취향에 따라 추가해도 됩니다.

4 바닐라 아이스크림을 올리고 꿀, 후추를 취향껏 뿌리면 완성!

달걀 샌드위치

아이들 간식으로 추천하는 메뉴입니다.
오이를 싫어하는 아이들도 달걀과 치즈에 넣어서 만들어주면 잘 먹더라고요!
삶은 달걀을 귀찮게 으깰 필요 없이, 1분 만에 완성할 수 있는 스크램블 에그로 만들어 아주 간단해요.

재료

모닝빵 5개, 잼 적당량,
달걀 4개, 게맛살 4개,
오이 ½개, 양파 ¼개,
식초 3큰술, 설탕 2큰술,
마요네즈 4큰술, 소금 4꼬집,
식용유 1바퀴,
슬라이스 체더치즈 1장
● 잼 종류는 입맛에
맞는 것으로 고르세요.

준비

- 오이, 양파는 슬라이서로 얇게 썬다.
- 볼에 얇게 썬 오이, 양파를 넣고 식초 3큰술, 설탕 1큰술을 넣어 절인다.
- 오이양파절임은 최대한 꾹 짜서 물기를 제거하고 잘게 썬다.
- 게맛살은 먹기 좋도록 도톰하게 썬다.

만드는 법

💬 불을 켜고 달걀을 바로 넣어주세요.

1 프라이팬에 식용유 1바퀴를 두른 뒤 달걀을 깨트려 넣고 중불에서 마구 휘저어 익힌다.
● 달걀이 뭉치지 않게 넣자마자 바로 휘저어주세요.

2 달걀이 촉촉할 때 불을 끄고 설탕 1큰술, 마요네즈 4큰술, 소금 4꼬집을 넣고 잘 섞는다.
● 달걀을 잔열로 익히는 게 포인트입니다.

3 슬라이스 체더치즈 1장을 찢어 넣고 잘 섞는다.
● 계속 불을 끈 상태에서 잔열로 치즈를 녹이세요.

4 달걀 구름에 게맛살을 넣고 잘 섞는다.
● 게맛살이 뭉개지지 않게 마지막 단계에 넣어주세요.

5 잘게 썬 오이양파절임을 넣고 잘 섞는다.

6 모닝빵을 반으로 가른 뒤, 잼을 바르고 5의 달걀 구름을 넣으면 완성!

요리를 할 때는 아무 생각이 없어져요.
지금도 왠지 울적할 때는 절임음식을 만들거나 빵을 반죽합니다.
저만의 명상이에요.

콘치즈

횟집이나 고깃집에서 조금만 더 달라고 애원했던 바로 그 콘치즈, 이제 집에서 무한으로 만들어 드세요.
버터 없이 마요네즈만으로도 식당에서 먹던 맛을 충분히 낼 수 있습니다.
간단하지만 모두의 입맛을 사로잡는 마성의 간식.
집에서도 물론 맛있지만 캠핌장에서 한번 만들어보세요. 아마 인기 폭발일걸요?

재료 통조림 옥수수 340g 1캔, 마요네즈 듬뿍 2큰술, 다진 마늘 ½큰술, 슈레드 피자치즈 적당량

만드는 법

 달군 팬에 마요네즈 듬뿍 2큰술, 다진 마늘 ½큰술을 넣고 약불에서 마늘이 갈색이 될 때까지 볶는다.
● 가장 작은 프라이팬을 사용하면 좋아요.

옥수수를 볶으면서 온도를 충분히 높여야 치즈가 고르게 녹습니다.

2 물을 뺀 통조림 옥수수를 넣고 강불에 볶아 남아 있는 수분을 날린다.

뚜껑이 없다면 쿠킹포일로 덮어도 치즈가 잘 녹습니다.

 볶은 옥수수를 평평하게 펴고 슈레드 피자치즈를 취향껏 올린 뒤, 뚜껑을 덮고 치즈가 녹을 때까지 약불에서 5분 익힌다.
● 토치가 있다면 표면을 살짝 그을려주세요. 더욱 맛있어집니다.

꿀새우피자

> 15분 만에 완성! 집에서 만드는 초간단 피자로 저희 집 어린이에게 인기 만점인 메뉴입니다.
> 달달한 꿀과 고소한 마늘이 어우러진 맛은 비싼 브랜드 피자 못지않아요!
> 온 가족이 다 함께 식탁에 둘러앉아 화기애애하게 즐겨보세요.

재료

토르티야 1장,
냉동새우 6마리, 버터 40g,
다진 마늘 1큰술,
방울토마토 6~8개,
슈레드 피자치즈 적당량,
고운 소금 4꼬집, 꿀 적당량,
후추

- 토르티야는 성인 남성 얼굴만 한 큰 사이즈가 좋습니다.

준비

- 냉동새우는 흐르는 물에 씻어 해동하고, 등을 살짝 가른다.
시판 냉동새우 중에서 꼬리가 있고 크기가 가장 큰 것이 좋습니다.
등을 갈라야 모양이 예쁘게 나옵니다.

요렇게!

만드는 법

마늘이 갈색이 되도록 충분히 볶는 것이 포인트입니다.

버터가 탈 수 있으니 새우는 쭉 약불로 익혀주세요.

1 팬에 버터 40g, 다진 마늘 1큰술, 고운 소금 2꼬집, 새우를 올린 뒤, 불을 켜고 중약불에서 볶는다.

2 마늘이 갈색으로 변하면 약불로 줄이고 5분 볶은 뒤, 그릇에 옮겨둔다.
- 나중에 사용해야 하니 새우와 함께 마늘 기름도 그릇에 담아주세요.

토르티야에 공기층이 뽀글뽀글 올라올 때 뒤집어주세요.

 사용하던 팬에 그대로 토르티야를 올리고 약불에서 굽는다.
● 남아 있는 기름을 토르티야로 닦아서 흡수시키면 더욱 맛있게 구워집니다.

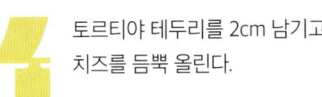 토르티야 테두리를 2cm 남기고 치즈를 듬뿍 올린다.

맛소금을 쓰면 더 맛있습니다.

5 방울토마토를 가위로 잘라서 얹고 고운 소금 2꼬집을 뿌린 뒤, 뚜껑을 덮어 약불에서 3분 익힌다.

6 치즈가 녹으면 2의 새우를 올리고 마늘 기름을 뿌린 뒤, 뚜껑을 덮고 약불에서 3분 익힌다.
● 바삭한 갈색 마늘이 불향을 더해줍니다.

7 완성된 피자에 꿀은 넉넉히, 후추는 약간 뿌려 마무리한다.
● 팬에서 꺼낼 때 주걱을 아래 끼워 넣고 조심히 그릇에 옮겨주세요.

칼로 6등분해서 시판 피자처럼 즐기세요.

231

한 판 굴전

겨울에 제철! 통통한 굴로 만든 굴전과 함께 막걸리 한 잔 어떠세요?
굴 한 알 한 알 부침가루 묻히고 달걀물 입혀서 부치는 방식이 아니라,
한 판 통으로 구워 깔끔하고 간편합니다. 저만의 꿀팁은 참기름 한 큰술! 반죽에 참기름을 넣으면
굴 비린내를 잡고 풍미도 살릴 수 있습니다.

재료
굴 200g 1봉지, 달걀 4개, 대파 1대, 청양고추 2~3개,
참기름 1큰술, 부침가루 듬뿍 1큰술, 가는 소금 2꼬집,
굵은 소금 1큰술, 식용유 3바퀴

준비
- 물 적당량에 굵은 소금 1큰술을 넣고 살짝 녹인 뒤, 굴을 넣는다.
- 굴이 터지지 않도록 살살 저어가며 씻은 뒤, 체에 밭쳐 물기를 제거한다.
  소금물에 씻은 굴은 맹물로 헹궈 짠기를 제거해주세요.
- 대파와 청양고추는 송송 썬다.

굴은 바박 씻으면 터질 수 있으니 주의하세요.

굴 200g 기준 2회 세척하면 됩니다.

만드는 법

참기름을 넣으면 풍미를 올려주고, 굴 냄새를 눌러줍니다.

 볼에 달걀 4개를 깨뜨려 넣고 대파와 참기름 1큰술, 가는 소금 2꼬집을 넣고 섞는다.

2 다른 볼에 씻어둔 굴을 넣고 부침가루 듬뿍 1큰술 넣어 얼기설기 섞는다.
● 과하게 치대면 굴이 터질 수 있으니 조심하세요.

 2의 굴을 1의 달걀물에 넣고 뭉치지 않을 정도로만 살살 섞는다.
● 이때 고추를 섞지 않고 굴전 반죽 위에 피자 토핑처럼 올려요.

 예열한 프라이팬에 식용유 3바퀴를 두르고 강불에 달군 뒤, 기름이 달아오르면 중불로 줄이고 굴전 반죽을 그대로 붓는다.

 뚜껑을 덮고 중약불에서 3~4분 익힌다.

 뚜껑을 열고, 토치로 굴전의 윗면을 그을리면서 익혀 불맛을 내주면 완성!
● 토치가 없다면 뒤집어 구워주세요.

한 판 떡꼬치

어릴 적 학교 앞에서 용돈으로 사 먹던 떡꼬치. 한 꼬치씩 먹으려니 감질났었죠? 이제 어른이 되었으니 한 판 가득 구워 플렉스 해보자고요. 환상의 떡꼬치 소스 비법 4-3-3-2를 공개합니다! 설탕 4, 참기름 3, 케첩 3, 고추장 2, 공식처럼 외워보세요!

재료
밀떡 2줌, 대파 흰 부분 ½대, 밀가루 3큰술, 소금 1꼬집, 물 120ml, 식용유, 통깨

● 밀가루 대신 부침가루나 튀김가루를 사용해도 괜찮아요. 단, 이때 소금은 넣지 않는 것이 좋습니다.

떡꼬치 소스 설탕 4큰술, 참기름 3큰술, 케첩 3큰술, 고추장 2큰술

준비

포크를 사용하면 잘 섞입니다.

● 대파는 떡과 비슷한 두께로 썬다.
● 볼에 '떡꼬치 소스' 분량의 재료를 모두 넣고 설탕이 녹을 때까지 섞는다.
● 밀가루 3큰술, 소금 1꼬집, 물 120ml를 섞어 '밀가루 물'을 만든다.

만드는 법

뜨거운 기름에 떡을 넣으면 기름이 튈 수 있으니, 꼭 불을 끄고 넣어주세요.

프라이팬에 떡을 가득 채우면 뒤집기 어려우니 주의하세요.

 불을 켜지 않은 상태로 프라이팬에 밀떡, 대파를 넣는다.

 팬에 식용유를 3바퀴 두르고 강불로 올린 뒤, 기름이 달아오르면 중불로 줄이고 3~4분 굽는다.

 팬에 '밀가루 물'을 붓고 중약불에서 5분 더 굽는다.

프라이팬을 접시로 덮어 뒤집은 뒤, 프라이팬에 식용유를 1바퀴 두르고 뒷면을 3분 노릇하게 굽는다.

 떡꼬치 소스를 고루 펴 바르고 통깨를 듬뿍 뿌려 마무리한다.

크림치즈 연어 샌드위치

크림치즈와 연어 그리고 쪽파라는 검증된 맛의 조합!
홈 파티에 내놓으면 고급스러운 비주얼에 맛도 참 좋아 모두에게 사랑받는 메뉴입니다.
길이가 짧은 바게트를 사용해 베트남 대표 아침식사 반미처럼 즐길 수 있고,
한 조각씩 자르면 핑거 푸드로, 여유로운 주말에 어울리는 근사한 브런치가 된답니다.

재료

쪽파 크림치즈 쪽파 10대, 크림치즈 200g 1통,
연유 4큰술, 소금 3꼬집, 후추 1작은술
크림치즈 연어 샌드위치 50cm 바게트 1개,
훈제 연어 적당량, 루콜라 1줌, 양파 ½개,
케이퍼 듬뿍 1큰술, 레몬 ¼조각, 후추, 식초
● 루콜라가 없으면 상추도 괜찮아요.

준비

● 쪽파는 잘게 송송 썬다.
쪽파 머리 부분이 큰 경우, 길게 반으로 가른 뒤 썰어주세요.

● 볼에 '쪽파 크림치즈' 분량의 재료를 모두 넣고 크리미해질 때까지 고루 섞는다.

- 양파는 얇게 채썰고 찬물에 담근 뒤, 식초를 넣어 매운맛을 뺀다.
- 케이퍼는 물기를 제거한 뒤 칼로 살짝 다진다.
- 루콜라는 밑동을 잘라내고 4~5cm 길이로 썬다.

만드는 법

💬 반으로 완전히 자르지 말고 끝을 살짝 남겨주세요.

1 바게트는 길게 반으로 자르듯이 칼집을 깊숙이 낸다.

2 바게트 안쪽에 '쪽파 크림치즈'를 넉넉히 바른다.

훈제 연어는 구겨 넣어야 맛있어 보입니다.

 훈제 연어를 취향껏 넉넉히 넣는다.

 루콜라, 양파, 케이퍼를 올린 뒤 후추를 뿌린다.

 레몬 껍질을 갈아 올리고, 꼬치를 꽂아 먹기 좋게 썬다.

 먹기 직전 레몬즙을 뿌리면 완성!

레몬즙 발사!

원조 길거리 토스트

버터? 아니죠! 마가린의 그 고소한 향기!
길을 걷다가 만나면 항상 저의 코끝을 자극하는 길거리 토스트.
여러 길거리 토스트 맛집을 먹어보며 연구한 끝에 진짜 길거리에서 사 먹는 바로 그 맛을 구현했습니다.

재료
마가린 적당량, 식빵 2장,
양배추 1줌, 당근 ½줌,
양파 ½줌, 달걀 1개,
소금 1꼬집,
설탕 듬뿍 1큰술,
케첩 약간

만드는 법

채칼을 이용하면 더 편합니다.

1 양배추, 당근, 양파는 채썬 뒤, 긴 컵에 담는다.

2 1에 달걀 1개, 소금 1꼬집을 넣고 찰기가 생길 때까지 숟가락으로 내리치듯 섞어 양배추 반죽을 만든다.

길이가 긴 컵을 사용해야 내용물이 넘치지 않고 잘 섞여요.

3 팬에 마가린을 넉넉히 두르고 식빵 2개를 앞뒤로 노릇하게 구운 뒤 따로 둔다.

요렇게!

4 약불로 달군 팬에 다시 마가린을 살짝 두르고, 2의 반죽을 부어 노릇하게 굽는다.
● 이때 양배추 반죽 가운데에 살짝 구멍을 낸 뒤, 마가린 1작은술을 추가로 넣으면 속까지 촉촉하게 구울 수 있습니다.

5 한 면이 다 익으면 마가린 1큰술을 추가로 두른 뒤, 반대편도 마찬가지로 노릇하게 구우면 양배추 달걀부침 완성!

6 3의 구운 식빵 위에 양배추 달걀부침을 올리고 설탕 듬뿍 1큰술을 펴 바르고 케첩을 취향껏 뿌린 뒤, 나머지 식빵으로 덮는다.

주걱을 이용해 토스트 가운데를 살짝 눌러 접어 종이컵에 담으면 원조 길거리 토스트 완성!

243

치즈 퐁뒤

퐁뒤는 스위스 농촌 지역에서 척박한 겨울을 나기 위해 만들었던 음식이에요.
치즈와 빵, 약간의 와인만 있다면 따뜻한 한끼가 되었기 때문이지요.
집에서도 에멘탈과 그뤼에르 치즈만 있으면 가성비 좋게 파티 메뉴를 만들 수 있어요.
퐁뒤 그릇이 없어도 한국인의 지혜가 담긴 뚝배기를 활용해
마음까지 녹이는 뜨끈뜨끈한 치즈 퐁뒤를 마음껏 즐겨보세요.

재료 브로콜리 1개, 양송이버섯 8개, 감자 3개, 소시지 4개, 빵 1개, 마늘 1쪽, 화이트와인 100ml,
감자전분 1큰술, 그뤼에르 치즈 200g, 에멘탈 치즈 100g

준비

- 브로콜리는 깨끗이 씻은 후, 팔팔 끓는 물에 거꾸로 넣어 돌려가며 데친다.
- 양송이버섯은 끓는 물에 3분 데친다.
- 감자는 깍둑썰어 끓는 물에 10분 삶는다.
- 소시지는 끓는 물에 5분 삶는다.
- 익힌 브로콜리, 양송이, 소시지를 한입 크기로 자른다.
- 빵도 한입 크기에 맞게 자른다.

한 냄비에 양송이, 감자, 소시지를 각각 데쳐서 준비하면 됩니다.
빵은 버터가 들어가지 않은 식사빵이 잘 어울립니다.

만드는 법

1 마늘 끝을 조금 잘라 뚝배기 안쪽 면에 문지른다.
- 뚝배기 안에 마늘 향을 입히는 과정입니다.

2 1의 뚝배기에 감자전분 1큰술과 화이트와인 100ml를 넣고 잘 푼다.
● 냄비가 뜨거우면 굳어버리기 때문에 불을 켜지 않고 넣는 것이 좋습니다.

> 와인과 치즈의 유화를 위해 전분을 사용하는 것이 좋습니다.

> 치즈를 통으로 넣으면 잘 녹지 않기 때문에 잘라서 넣어요.

> 꼬릿꼬릿한 치즈 냄새가 많이 날 수 있어요. 놀라지 마세요.

3 전분이 다 풀어지면 뚝배기를 불에 올리고 그뤼에르 치즈, 에멘탈 치즈를 적당히 조각내서 넣는다.
● 치즈의 비율은 취향에 따라 조절해도 됩니다.

4 치즈를 골고루 섞어가며 녹인다.

5 최약불로 줄이고 치즈를 계속 끓여가며 준비한 재료들을 찍어 먹는다.

치즈 퐁뒤를 다 먹은 뒤 바닥에 눌어붙은 누룽지를 떼어 먹는 것이 별미입니다.

허니마요 떡볶이

세상에 없는 떡볶이를 만들고 싶어서 태어나서 먹어본 떡볶이를 전부 되짚어봤어요.
역시 가장 인상 깊었던 건 통인동 기름떡볶이,
조금은 투박하지만 매력 넘치는 기름떡볶이를 제 방식으로 바꾸고 더해봤어요.
맛이요? 제가 보장할게요!

게맛살 튀김

재료
게맛살 8개, 식용유 4바퀴, 설탕 1큰술

만드는 법

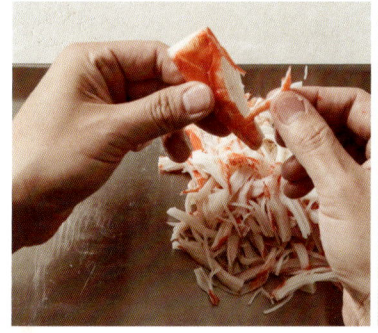  

1 게맛살을 결대로 찢는다.

2 프라이팬에 식용유 4바퀴를 두른 후, 팬이 뜨거워지면 찢어둔 게맛살, 설탕 1큰술을 넣고 중약불로 볶아가며 튀긴다.

> 한눈팔지 않고 계속 저어야 합니다.

> 짙은 갈색으로 튀겨졌을 때 바로 건지는 것이 좋습니다.

기름떡볶이

재료 밀떡 1인분, 식용유 7바퀴, 대파 1대, 소시지 10~13개, 냉동새우 15마리, 고춧가루 1큰술
떡볶이 양념장 고추장 듬뿍 1큰술, 케첩 2큰술, 물엿 3큰술, 다진 마늘 ½큰술
허니마요 소스 우유 50ml, 마요네즈 200g, 연유 100g, 꿀 1큰술

준비

- 소시지는 사선으로 칼집을 내거나 십자로 칼집을 넣어 문어 모양을 만든다.
- 밀떡은 찬물에 10분 담갔다가 건져낸다.
  키친타월로 물기를 완전히 제거해주세요.
- 대파는 초록색 부분만 3등분하고 나머지는 송송 썬다.
- 볼에 '떡볶이 양념장' 분량의 재료를 모두 넣고 잘 섞는다.
- 다른 볼에 '허니마요 소스' 분량의 재료를 모두 넣고 잘 섞는다.

만드는 법

1 궁중팬에 식용유 7바퀴를 두르고 대파를 넣어 파기름을 낸다.

2 소시지를 넣고 2분 볶는다.

떡끼리 달라붙지 않도록 잘 저어주세요.

 냉동새우를 넣고 5분 볶는다.

4 밀떡을 넣고 떡이 부드러워질 때까지 볶는다.
● 기름이 튈 수 있으니 약불로 줄여 조리하세요.

 만들어둔 양념장을 넣고 섞는다.

 고춧가루 1큰술을 넣고 불을 끈 뒤 골고루 버무린다
● 아이가 먹는다면 고춧가루는 생략하세요.

 그릇에 떡볶이를 담고 만들어둔 게맛살 튀김을 올리면 완성!
● 송송 썬 대파를 듬뿍 올리고 허니마요 소스를 취향껏 끼얹어 즐기세요!

만두피 추로스

생각 없이 먹으면 무한으로 들어가는 간식, 만두피 추로스입니다.
최소한의 재료로 눈 깜짝할 새 완성하는 근사한 디저트랍니다.
모양은 흡사 호떡 같지만 시나몬 파우더를 입혀 추로스의 향긋함과 달콤함이 그대로 살아 있지요.
아이들 간식으로도 어른들 맥주 안주로도 추천합니다.

재료 왕만두피 5장, 식용유 ½컵, 설탕 5큰술, 시나몬 파우더 1큰술

만드는 법

작은 볼을 뒤집어서 튀긴 왕만두피를 기대두면 눅눅해지지 않아요.

1 깊은 팬에 식용유 ½컵을 붓고 왕만두피를 넣어 중약불에 튀긴다.
  ● 만두피는 젓가락으로 구멍을 뚫어주세요. 구멍이 없으면 부풀어 오릅니다.

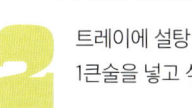

2 트레이에 설탕 5큰술, 시나몬 파우더 1큰술을 넣고 섞는다.

3 튀긴 왕만두피에 2를 묻히면 완성!

만두피 끝에 물을 발라 붙여, 돌돌 말아서 튀겨도 모양이 예뻐요.

프렌치 토스트

죽은 빵도 살리는 마법의 레시피, 촉촉한 프렌치 토스트입니다.
저만의 비법은 시판 바닐라 아이스크림을 녹여 거기에 바로 달걀물을 섞는 것이에요!
이렇게 만들면 럼이나 바닐라 익스트랙 없이도
브런치 레스토랑의 고급스러운 맛을 낼 수 있답니다.

재료 달걀 5개, 소금 1꼬집, 바닐라 아이스크림 듬뿍 6큰술, 식빵 4장, 버터 40g, 바나나 2개, 설탕 2큰술, 초콜릿 적당량, 연유 혹은 메이플 시럽 적당량

만드는 법

1 아이스크림 5큰술을 볼에 담아 전자레인지에서 30초 녹인 후, 달걀 5개를 깨뜨려 풀고 소금 1꼬집, 설탕 1큰술을 넣어 섞는다.
● 바닐라 아이스크림과 달걀의 비율은 1:1로 해주세요.

2 식빵은 아이스크림 달걀물에 넣고 10분 이상 재운다.

3 프라이팬을 약불에 올려 버터 20g을 녹인 후, 아이스크림 달걀물을 묻힌 식빵을 뒤집어가며 5분 굽는다.

4 식빵 한쪽에 초콜릿을 취향껏 올린 후 약불로 5분 더 익힌다.

5 초콜릿이 다 녹았을 때 반대쪽 빵을 덮는다.

6 다른 팬에 다시 한 번 버터 20g을 녹인 후, 먹기 좋은 크기로 자른 바나나와 설탕 2큰술을 넣고 굽는다.

캐러멜라이징 될 때까지 굽는 것이 좋습니다.

7 그릇에 토스트 빵을 담고 바나나 토핑과 바닐라 아이스크림 1큰술을 올린다.

8 연유 혹은 메이플 시럽을 뿌리면 완성!
● 딸기잼을 곁들여 먹으면 더욱 맛있어요.

사치빵

사과와 환상의 짝꿍 브리 치즈로 초간단 브런치 빵을 만들어보세요.
바쁜 아침, 모닝빵에 사과잼 바르고 사과와 치즈만 올리면 5분 안에도 뚝딱!
출근길에 간단히 들고 먹으면 점심까지 든든해요.
힘들게 일하느라 고생하는 스스로에게 아침만이라도 사치스러운 한 끼 대접하자고요!

재료

모닝빵 5개, 사과잼 5큰술,
사과 1개, 브리 치즈 1개,
시나몬 파우더 ½작은술

만드는 법

1 볼에 사과잼 5큰술, 시나몬 파우더 ½작은술을 넣고 섞는다.

2 사과는 슬라이서로 얇게 썬다.

3 브리 치즈는 얇게 썬다.

4 모닝빵은 반으로 가른다.

5 빵 사이에 1, 2, 3을 차례로 끼워 넣어 완성!

꿀을 뿌려 먹으면 정말 맛있어요.

감자 수프

잠도 못 자고 늦게까지 일하는 아내에게 만들어주었더니
눈시울이 촉촉해질 정도로 감동받았다고 했던 감자 수프입니다.
몸과 마음이 힘들 때면 따뜻하고 부드러운 수프 한 그릇이 큰 위로가 되죠.
사랑하는 사람이 힘들어할 때 정성스럽게 만들어 쓱 내밀어보세요.

재료
감자 3개, 버터 60g, 소금 ⅓큰술, 대파 흰 부분 1대,
물 300ml, 우유 300ml, 슬라이스 체더치즈 3장,
파르미지아노 레지아노 치즈 적당량,
트러플오일 약간
- 감자는 당구공만 한 사이즈(150g)면 적당합니다.

준비
- 감자는 깨끗하게 세척한 뒤 싹을 도려낸다.
  감자 껍질에 영양소가 많아요. 벗겨내지 말고
  철수세미로 깨끗이 세척해 조리하세요.
- 대파는 송송 썬다.

만드는 법

1 냄비에 버터 60g과 송송 썬 대파를 넣고 중불에 볶아 파기름을 낸다.

2 감자를 슬라이서로 썰어 넣고 볶는다.
● 감자가 바닥에 눌어붙어도 긁어내서 함께 볶아주세요. 수프가 더욱 맛있어지는 디글레이징 과정입니다.

3 소금 ⅓큰술, 물 300ml, 우유 300ml를 넣고 5분 끓인다.

4 핸드블렌더로 곱게 간다.

5 체더치즈 3장, 파르미지아노 레지아노 치즈를 갈아 넣고 섞는다.
● 파르미지아노 레지아노 치즈가 없다면 생략하거나 피자 시켜 먹고 남은 파르메산 치즈도 괜찮아요.

6 그릇에 옮겨 담고, 트러플오일을 살짝 뿌리면 완성!
● 살짝 구운 식빵을 찍어 먹어보세요.

너무 되직하다 싶으면 우유와 물을 추가해 농도를 맞추세요.

호감 수프

저희 딸의 호감을 듬뿍 얻은, 애'호'박과 '감'자를 넣은 수프입니다.
버터와 재료들을 다 때려 넣고 끓인 뒤 곱게 갈기만 하면 되니 간단해요.
양파나 양송이버섯 등등 그때그때 나만의 재료를 추가해 다양한 수프 레시피로 응용해보세요.

재료 버터 60g, 감자 3개, 소금 ⅓큰술, 물 300ml,
애호박 ½개, 우유 300ml, 대파 흰 부분 1대,
슬라이스 체더치즈 3장, 파르미지아노 레지아노 치즈 약간

준비 • 대파는 송송 썬다.

만드는 법

1 냄비에 버터 60g과 송송 썬 대파를 넣고 중불에 볶아 파기름을 낸다.

2 감자와 애호박을 슬라이서로 썰어 넣고 볶는다.
● 감자가 바닥에 눌어붙어도 긁어내서 함께 볶아주세요. 수프가 더욱 맛있어지는 디글레이징 과정입니다.

3 소금 ⅓큰술, 물 300ml, 우유 300ml를 넣고 5분 끓인다.

4 핸드블렌더로 곱게 간다.

5 체더치즈 3장을 넣고 섞어 완성한다.
● 파르미지아노 레지아노 치즈가 있다면 갈아서 조금 넣어주세요.

당근 수프

말하지 않으면 단호박 수프로 착각할 정도로 달콤한 당근 수프입니다.
당근을 싫어하는 아이들 눈속임 메뉴로 딱이에요.
저만의 비법이 있는데, 그건 전 세계 그 누구도 시도하지 않았던 당근 수프에 밥 넣기!
탄수화물의 달콤함이 더해져 더 걸쭉하고 든든하게 즐길 수 있어요.

재료 당근 3개, 양파 2개, 버터 60g,
물 500ml, 밥 ½공기, 생크림 ½컵,
건파슬리 가루 약간, 소금, 후추

준비 ● 양파는 잘게 채썬다.

만드는 법

1 냄비에 버터 60g과 채썬 양파를 넣고 양파의 숨이 죽을 때까지 중불에 볶는다.

2 당근을 슬라이서로 썰어 넣고 소금 ⅓큰술을 넣은 뒤 숨이 죽을 때까지 골고루 볶는다.

3 물 500ml를 붓고 당근과 양파가 익을 때까지 강불에 한소끔 끓인다.

4 밥을 넣고 뭉치지 않게 풀어준 뒤, 뚜껑을 덮고 약불에 10분 끓인다.
● 밥을 넣으면 수프의 질감이 묵직해지고, 단맛도 상승해요.

5 핸드블렌더로 곱게 간다.

6 생크림 ½컵을 넣어 잘 섞은 뒤 소금 2꼬집, 후추 약간을 넣어 간한다.
● 소금과 후추는 간을 보면서 취향껏 넣으세요.
● 우유를 넣으면 단맛이 더 강해질 수 있기 때문에 생크림을 사용하는 걸 추천합니다.

7 건파슬리 가루 약간, 생크림을 살짝 둘러 모양을 내면 맛있는 당근 수프 완성!

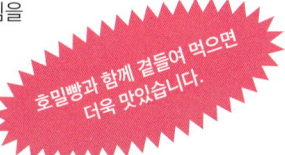
호밀빵과 함께 곁들여 먹으면 더욱 맛있습니다.

새우 타파스

집에 왕만두피가 있다면 바삭한 새우 타파스를 만들어 맥주 안주로 곁들여보세요.
손님 초대상에 내면 늘 반응이 뜨거운 메뉴랍니다.
그나저나 스페인의 타파스는 술잔에 벌레가 들어가지 않도록 뚜껑처럼 덮는 요리에서 유래했다고 하네요! 오~

재료

냉동새우 300g, 버터 20g,
다진 마늘 2+½큰술, 핫소스 1큰술,
연유 2큰술, 마요네즈 6큰술,
왕만두피 10장, 고추 3개, 상추 4장,
바질 1줌, 방울토마토 5개,
레몬 1개, 식용유, 소금, 후추

준비

- 고추는 반으로 가르고 2등분한다.
- 상추는 길게 자르고, 방울토마토는 4등분한다.
- 바질 잎은 작게 찢는다.

만드는 법

 팬에 버터 20g을 녹이고 식용유 1바퀴를 두른 후, 새우를 넣고 소금 ½작은술, 후추 약간, 다진 마늘 2큰술을 더해 볶는다.

2 마요네즈 6큰술, 연유 2큰술, 핫소스 1큰술, 다진 마늘 ½큰술을 섞어 소스를 만든다.
● 연유가 없으면 올리고당으로 대체하세요.

작은 볼을 뒤집어서 튀긴 왕만두피를 기대두면 눅눅해지지 않아요.

요렇게!

3 깊은 팬에 식용유 ½컵을 붓고 왕만두피를 넣어 중약불에 튀긴다.
● 만두피는 젓가락으로 구멍을 뚫어주세요. 구멍이 없으면 부풀어 오릅니다.

4 고추도 튀긴다.

5 튀긴 왕만두피에 2의 소스를 바른 후, 1의 새우를 듬뿍 올린다.

6 상추, 바질, 방울토마토와 4의 고추튀김도 흩뿌려 올린다.

7 깨끗이 세척한 레몬의 껍질을 갈아 뿌린다.

8 레몬즙을 짜서 뿌려주면 완성!

부디 이 한 권의 책이
여러분의 밥상에
조금이라도 행복을 더할 수 있기를 바랍니다.

류수영의 평생 레시피

죽을 때까지 나를 먹여 살릴 '어남선생'의 쉽고 맛있는 집밥

1판 1쇄 펴냄   2025년 6월 25일
1판 26쇄 펴냄   2026년 1월 5일

지은이   류수영

편집   김지향 최서영 길은수
교정교열 신귀영
미술   김낙훈 한나으 김혜수 이미화
마케팅   정대용 허진호 김채훈 홍수현 이지원 이지혜 이호정
홍보   이시윤 김유경
저작권   남유선 한문숙 송지영
제작   임지헌 김한수 임수아 권순택
관리   박경희 김지현 박성민

메뉴 개발 도움 KBS 〈신상출시 편스토랑〉 문아름 외
디자인   withtext 이지선
사진   studio etc. 한정수 장혁준 010-6232-8725
푸드 스타일링 소담 스튜디오 박윤선 김종우
식기 협찬 노르딕네스트 노르딕파크

펴낸이   박상준
펴낸곳   세미콜론
출판등록 1997. 3. 24. (제16-1444호)
          06027 서울특별시 강남구 도산대로1길 62
대표전화   515-2000
팩시밀리   515-2007
편집부   517-4263
팩시밀리   515-2329

엑스   semicolon_books
인스타그램 semicolon_books
페이스북   SemicolonBooks

ISBN 979-11-94087-70-0 13590

세미콜론은 민음사 출판그룹의
만화·예술·라이프스타일 브랜드입니다.
www.semicolon.co.kr

식기 협찬

노르딕네스트 24, 70, 76, 84, 112, 170, 188, 214, 232, 234, 240쪽
노르딕파크   30, 50, 72, 102, 110, 112, 117, 122, 134,
            142, 156, 160, 218, 226, 234, 236, 240, 244, 248,
            252, 254, 258, 260, 262, 264쪽